まいにち豆腐レシピ

豆腐マイスター 工藤詩織

レシピ 牛尾理恵

池田書店

だから　まいにち豆腐

私の食生活の中心には常に豆腐があります。独特のふわっとした食感や、鼻を抜ける大豆の香りが大好きで、学生時代は1日3食豆腐のときもあれば、授業の合間の休み時間や放課後におやつの豆腐や豆乳を求めて、豆腐屋さんに出向くこともありました。次第に、顔なじみの豆腐屋さんからは〝豆ちゃん〟と呼ばれるようになりました。

その『好き』が高じて、町の豆腐屋さんに豆腐づくりのコツなどを教えてもらうようになりました。そのうちに、おいしい豆腐とそれを生んでいる人々にどんどん惹きつけられました。つくり手の丁寧な仕事と工夫だけでなく、農家さんの一粒の大豆への想いがなければ、今の豆腐がないことも知りました。

私は豆腐をめぐって、さまざまな土地を訪ねてきましたが、国内だけでなく、アジアでも、欧米でも、どこに行っても豆腐を見かけます。昔からの知恵が活かされた加工法や料理もあれば、固定観念がないからこその、新しい豆腐の使い方も生まれています。

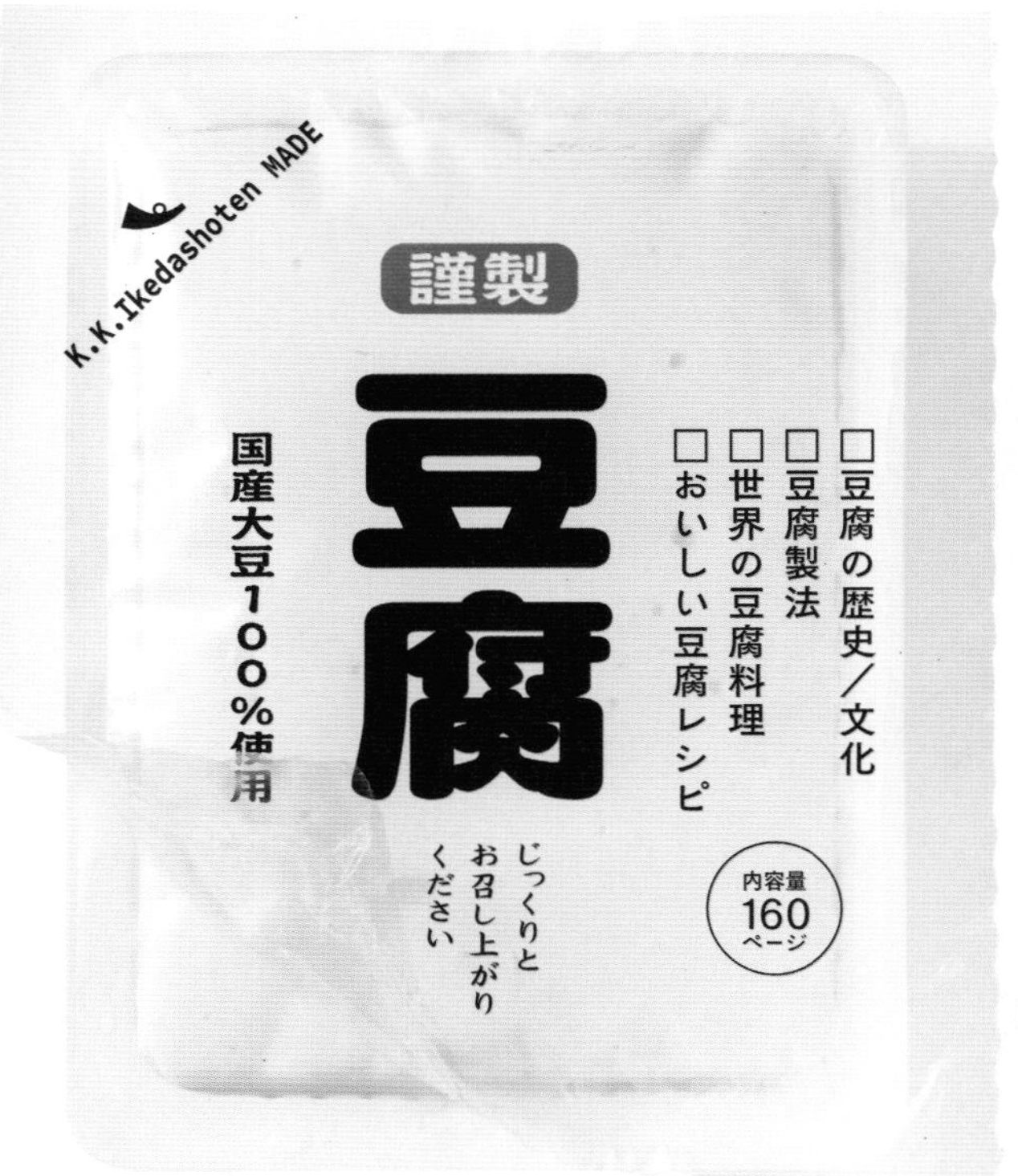
K.K.Ikedashoten MADE
謹製
豆腐
国産大豆100%使用
□豆腐の歴史／文化
□豆腐製法
□世界の豆腐料理
□おいしい豆腐レシピ
内容量
160
ページ
じっくりと
お召し上がり
ください

「ＴＯＦＵ」は、いまや世界共通言語。国境、時代を超えて食文化に溶け込む食材なのです。

小さなお子様からご年配の方まで食べやすいやわらかさと消化の良さ。
パックを開けるだけで食べられる、ファストフードさながらの手軽さ。
さまざまな理由から植物性の食材を中心に食べる人にとっても、大切なタンパク源。
そして何より、どんな味つけとも相性がよく、多様に調理できる汎用性の高さ。

だから飽きない、だから、「まいにち豆腐」

この本では、豆腐の製法・歴史・文化など、さまざまな側面から豆腐の魅力を引き出し、まとめました。また、「こんなふうに使えるなら便利」「こんな食べ方もおいしいんだ」と思えるアイデアを盛り込んでいます。
本書を手に取ってくださった方の豆腐の世界が、少しでも広がればうれしいです。

工藤詩織

今日も
いただきます。

もくじ

第2章　豆腐の料理

◉本書の使い方

- レシピの豆腐は1丁360gのものを使用しています。
- 豆腐の水切り具合は右のようにアイコンで表示しています。アイコンの見方はP72を参照してください。
- レシピにアイコンと※の注釈の両方がついている場合は注釈の方法をおすすめします。
- 大1は15mℓ、小1は5mℓ、1合は180mℓです。
- 火加減、温度、調理時間は目安です。
- だし汁は昆布とかつお節でとったものを使用しています。
- 小麦粉はお好みのものを使ってください。

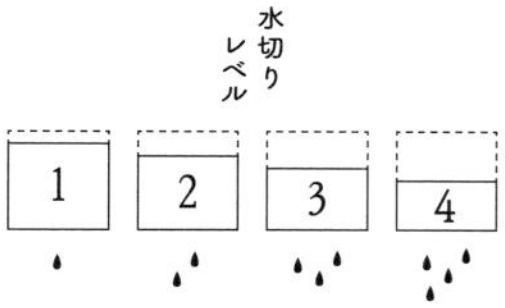

第1章

豆腐のいろは

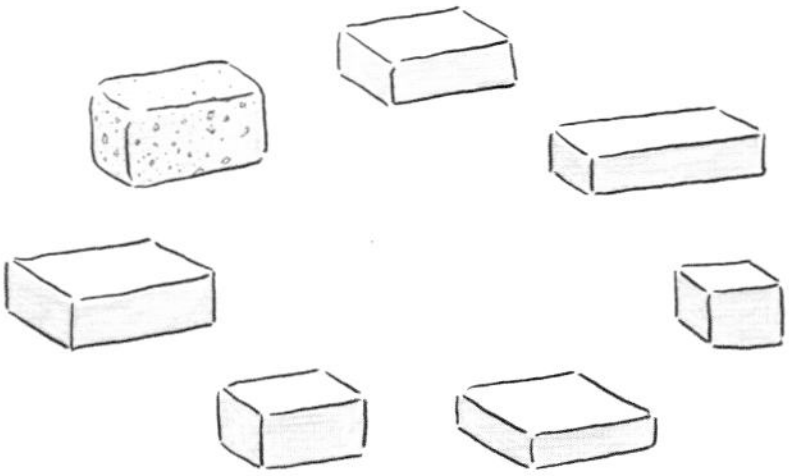

豆腐。あらためて紹介します

日々、なにげなく食べている豆腐ですが、意外に知らないことがいっぱい。豆腐について、少し詳しくなってみませんか？

一丁の大きさは決まっていない

豆腐は一丁、二丁と数えますが、実は一丁の大きさや重さには決まりがありません。また、全国を見渡すと、タテ・ヨコの比率や厚みも、さまざまです。一般的に、核家族の多い都市部は小さめ、世帯人数の多い地域ほど大きめな傾向があります。沖縄県の島豆腐は今でも一丁1キロあり、初めて見ると、その大きさ、重さに驚くかもしれません。

近年のスーパーでは、小分けサイズなど豆腐の大きさのバリエーションが増え、メニューや食欲に合わせて使い分けできるようになっています。

絹ごし豆腐に絹布は使わない

絹ごし豆腐と木綿豆腐。どちらも「絹」「木綿」と布の名前が使われているので、「木綿豆腐は木綿の布で、絹ごし豆腐は絹の布を使っているんじゃないの」と言う人がいますが、実は絹ごし豆腐は違います。木綿豆腐は豆腐を固めるとき、型に木綿の布を敷いて水を切ります。その布目が豆腐につくので「木綿豆腐」。しかし、絹ごし豆腐は、豆乳を固めて水を切らずにつくった豆腐のこと。きめ細かく、つるつるしたなめらかなのど越しを絹にたとえてついた名前です。ちなみに、豆腐の元来の形は木綿豆腐。豆腐をつくる技術が向上し、やわらかくてのど越しのよい豆腐を「絹ごし」と呼ぶようになったので、従来の豆腐に「木綿豆腐」という名前がついたそうです。

豆腐を固めるのは「にがり」だけではない

豆腐を固めるものを凝固剤と呼び、いくつか種類があります。恐らく多くの人がすぐに思い浮かべるのは「にがり」ですね。にがり（塩化マグネシウム）は、海水から塩をつくる過程でできるもので、昔から豆腐づくりに使われてきました。独特の苦味とうまみがあり、それが大豆本来の甘みやうまみを引き出し、豆の味を凝縮させた豆腐に仕上がります。その他、石膏が主原料のすまし粉（硫酸カルシウム）は、中国で古くからにがりと同様に使われてきた凝固剤。凝固反応がゆっくりで保水力が高いので、なめらかでみずみずしい豆腐になります。凝固剤によって豆腐の味わいや食感が違うので、食べ比べてみてください。

国産大豆の種類は400種以上

豆腐の原料、大豆。日本各地ではさまざまな種類の大豆が栽培されていて、その種類はなんと400種以上！　お正月に食べる黒豆、ビールのおつまみに欠かせない枝豆も大豆なんです。

大豆は油、みそ、醤油、納豆、豆腐、煮豆など、さまざまに加工されます。各都道府県はそれぞれの用途に適した大豆80～90種類を「奨励品種」として農家さんに栽培を勧めています。その中で豆腐に向いているのは、粒が大きく、タンパク質が豊富に含まれる品種です。また、日本各地には昔から農家さんが大事に育ててきた在来種の大豆が300種くらいあると言われています。味わいや風味に特徴があり、地元の大豆で豆腐をつくりたいというお豆腐屋さんが注目する大豆でもあります。

江戸時代から価格の優等生

豆腐の値段はとっても手頃で、今なら一丁、100円未満～150円くらいのものが多数。1980年には一丁70円だったことを考えると、あまり値段が上がっていません。

実は、豆腐は江戸時代から価格の優等生でした。江戸時代の中頃から人々の暮らしに豆腐が普及し始め、次第に庶民の食卓にのぼるようになりました。幕府が豆腐の値上げを禁止したこともあるそうで、それだけ豆腐が庶民にとってなくてはならない存在だったんですね。

江戸時代から、豆腐、銭湯、立ち食いそば、この3つの価格は同じくらいと言われてきました。しかし、昭和の中頃から変化が見られ、現在までの豆腐の値上がり幅は3つの中でも小さく、買い求めやすい価格を維持していると言えます。

豆腐の選び方はさまざま

豆腐を買うとき、みなさんは何を基準に選んでいますか？　絹ごしか木綿か、値段はいくらか、賞味期限はいつか、くらいでしょうか。ちなみに買い物客のスーパーの豆腐売場での平均滞在時間は約15秒というデータがあり、そこからは多くの人が「いつものお豆腐」をパッと買っていく姿が見えてくるようです。

でも、もっと違う視点で豆腐を選べば食べる楽しみが何倍にも！　前述の通り、大豆の種類や使っている凝固剤、つくり方で、本当に多様な味わいや食感をもつのが豆腐なんです。たとえば冷奴。大豆のうまみを味わいたいときには在来種の大豆を使った豆腐、のど越しのよさや淡白さがほしいときにはすまし粉を使った豆腐、そんなふうに選んでみてください。

よくばり豆知識

ごま豆腐や卵豆腐は大豆を使っていない

「〇〇豆腐」と呼ばれていても、大豆を使っていないものも。ぷるぷるとやわらかい食感が豆腐に近いのでそう呼ばれています。

江戸時代からあった豆腐のレシピ本

江戸時代に刊行された『豆腐百珍』は今でいうレシピ本。豆腐レシピが１００品掲載され、爆発的な人気で続編も２冊出版されました。

冷奴の「奴」は着物の紋様が由来

大名行列の先頭を務めた奴さんの紋が四角いことから、四角に切ることを「やっこに切る」、そこから豆腐を「やっこ」と言うように。

豆腐の「腐」は「くさる」じゃない

中国語で「腐」はぶよぶよとやわらかい状態のもののこと。豆腐とはやわらかい豆という意味になり、まさにぴったりの名前なんです。

豆腐屋さんは全国に約６０００軒

豆腐をつくる豆腐製造事業者は全国に約６１４３軒（厚生労働省、２０１８年）。その大半は家族経営などの小規模のお店です。

豆腐は何でできている？

豆腐の原料は大豆・水・凝固剤

豆腐づくりは大豆を水に漬けるところから始まります。その大豆を水とともに砕いてすり潰し、熱を加えて絞ったものが豆乳（熱を加えない製法もある）。豆乳には大豆のタンパク質の約80％が含まれ、そのタンパク質をにがりなどの凝固剤で固めたものが豆腐です。割合は約10％前後が大豆固形分、80～90％が水、凝固剤は約1％です。なお、豆腐には基本的に防腐剤や保存料は使われません。

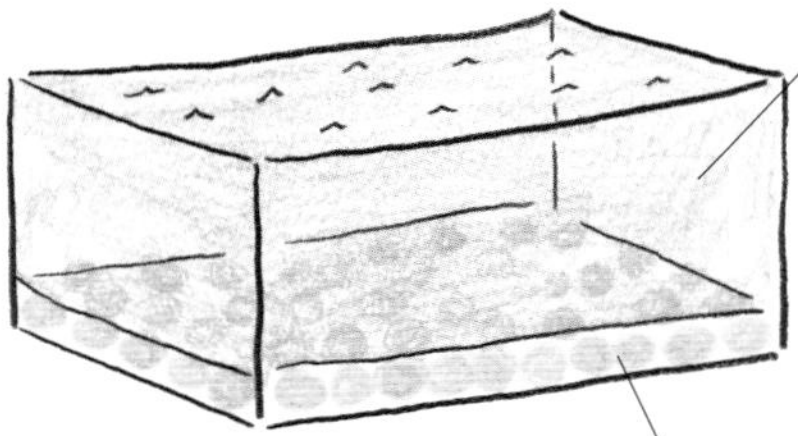

価格を決めるあれこれ

豆腐の価格には100円以下の商品から一丁400円を超えるものまで、価格には意外に幅があります。豆腐の値段の差はどこからくるのでしょうか？

いちばん大きいのは大豆の価格。大豆は品種によって価格が異なり、また、収穫量、需要によっても毎年価格が変わります。一般的に国産大豆は輸出大豆より高く、国産の中でも希少な品種の価格は高くなります。また、豆腐用の豆乳濃度は7～14％程度と、約2倍のひらきがあります。濃い豆乳ほど大豆をたくさん使うため、濃度も価格に影響します。その他、製造規模や機械化の程度なども価格に反映されます。

タンパク質が多い大豆が豆腐向き

〝畑のお肉〟といわれる大豆にはタンパク質が豊富。ほかにもいろいろな栄養分がたっぷりです。その成分は平均するとタンパク質34％、脂質19％、炭水化物（食物繊維と糖質）30％、水分12％、そのほかミネラルなどが5％で、成分の含有量は品種によっても変わります。豆腐は大豆に含まれる可溶性部分を抽出してそのタンパク質を固めるので、平均値以上のタンパク質が含まれていると固まりやすいとも言えます。

〈大豆の栄養〉

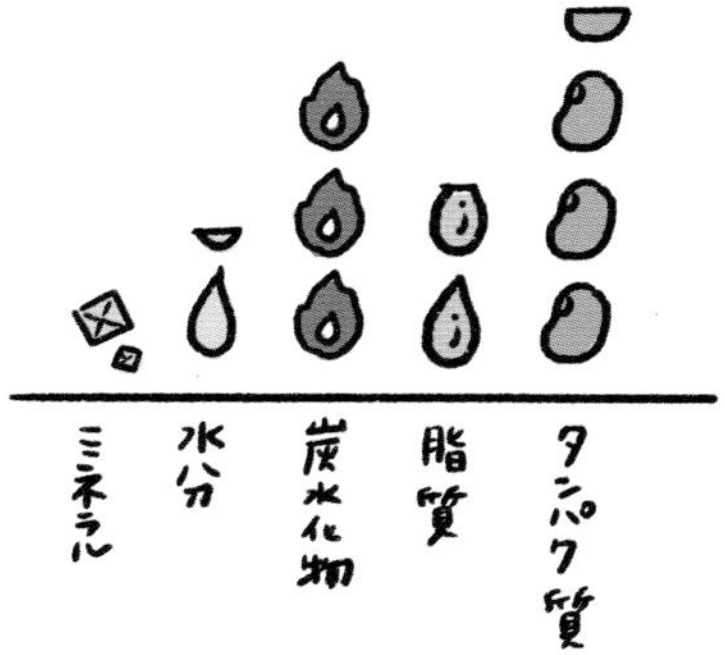

豆腐は日本人がいちばん食べている大豆加工品

日本では年間約１００万トンの食用大豆が消費され、そのうち50万トン弱、つまり約半量が豆腐に使われています。そのうち2割強が国産大豆で、8割弱が輸入大豆です。ちなみに、国産大豆の作付面積で全国1位は北海道です。

豆腐用の輸入大豆の生産国はアメリカ、カナダがメイン。もともとこれらの国では、大豆は燃料の油や家畜の飼料など、人の食用以外に使われてきました。そのため脂質が多くタンパク質の少ない品種が栽培されてきましたが、近年では、豆腐に適した品種の栽培が行われています。

優等生の奨励品種

国産大豆は推定400以上の品種がありますが、流通する大豆の大半を占めるのが「奨励品種」です。奨励品種とはその名のとおり栽培が促進されている品種で、全国で80〜90種ほどあります。各都道府県は加工の適正（豆腐や納豆、みそ、煮豆などの用途別）や、栽培のしやすさ、病気への耐性などを考慮し、その土地で普及すべき大豆の品種を決定します。豆腐に適した奨励品種は、前述のとおりタンパク質が豊富で固まりやすい大豆が多く、一度は口にしたことがあるような親しみを覚える味わいです。

代表的な奨励品種と生産地

奨励品種は多くが黄大豆

□フクユタカ
東海地方から九州

作付面積日本No.1

□ミヤギシロメ
おもに宮城県

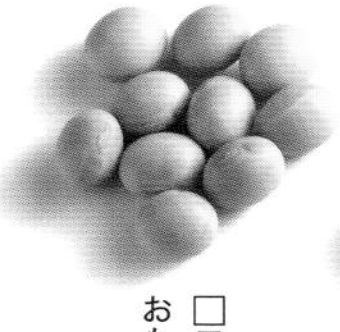

□エンレイ
おもに北陸地方

□リュウホウ
おもに東北地方

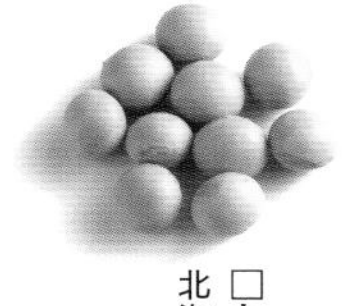

□とよまさり系統（ユキホマレなど）
北海道

このほか栽培が盛んな奨励品種に「里のほほえみ」

個性派の在来種

一方、日本各地には昔から栽培され、農家さんが種を受け継いできた「在来種」と呼ばれる大豆が3〜400種ほどあります。在来種は黄大豆をはじめ、青、黒、茶、赤、複数の色が混じったものもあります。また、大豆の「目」（へそのように見える部分）の色も茶目、黒目、白目と種類があります。見た目だけでなく、甘みが強い、風味が豊かなど、それぞれに特徴があります。そんな在来種でつくった豆腐もまた、味わいはさまざまです。

各地の在来種

□**借金なし**
埼玉県秩父市の在来種。借金が返せるほどよくできることから命名

□**丹波黒**
京都府と兵庫県にまたがる丹波地方の極大粒黒大豆の総称

□**秘伝**
〝誰にも言ってはいけない〟ほどのおいしさと言われる山形県の在来種

カラフルで味も個性的！

□**鞍掛大豆**
長野県の青大豆。馬に鞍を掛けたような模様と磯の香りが特徴

それぞれ「目」の色もいろいろ！

□**庄内茶豆**
山形県庄内地方で伝統的に栽培される香りとコクのある茶豆

□**紅大豆**
山形県川西町の赤大豆。山形の県花・紅花にちなんで命名

□**さとういらず**
〝砂糖いらず〟の甘さを持つ青大豆。新潟県津南地方など

□**小糸在来**
千葉県君津市の小糸川流域で栽培される青みがかった在来種

また、在来種はネーミングもユニークです。砂糖がいらないほど甘いから「さとういらず（さといらず）」、借金が返せるほどよくとれるから「借金なし」。こうした大豆の個性を表した名前のほか、千葉県君津市の小糸川流域で栽培されてきた「小糸在来」のように、地域の名前がつけられた在来種も多くあります（津久井在来、行田在来、吉川在来など）。

しかし、在来種は効率的な栽培には向きません。代々地域に根付いてきたため、土地との相性が重要で、育つ場所を選びます。また、豆のサヤが低い位置につくなど、機械収穫が難しいものもあります。生育の安定しない品種も多く、在来種の栽培は容易ではないのです。高齢化、後継者不足で、今つくっている農家さんがいなくなったら途絶えてしまうかも、という在来種も少なくありません。

豆腐は何で固まるの？

豆腐を固めるための材料を「凝固剤」と呼びます。現在、広く知られているのは「にがり」ですが、ほかにも「すまし粉」や「グルコノデルタラクトン」といった凝固剤が存在します。それぞれ豆腐の食感や味が変わるため、製造者は好みのものを使い分け、複数の凝固剤を混ぜることもあります。

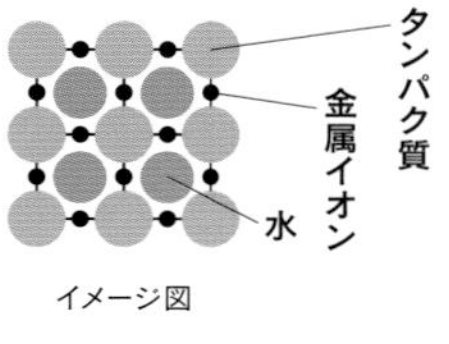

イメージ図

参考資料：小野伴忠「大豆から豆乳・豆腐が生成する機構とそれに影響を与える諸因子」（2008）

にがり、すまし粉はどちらも「金属イオン」と豆乳のタンパク質が結合することで凝固し、豆腐になる。これを「塩凝固（えんぎょうこ）」と呼びます。タンパク質と金属イオンが交互に結びついて網目を形成し、その内側に水が入っているイメージ。グルコノデルタラクトンの凝固は「酸凝固」で、反応が異なります。

にがり

□化学物質名…塩化マグネシウム
□海水から塩をとった後に残る液体

にがりは、昔から豆腐づくりに使われてきました。なめるととても塩辛くて苦味があります。それもそのはず、にがりの原料は海水だからです。これに含まれる塩（金属イオン）によってタンパク質が固まり、豆腐になります。にがりは凝固反応がとても早く、均一に固めるためには経験と技術が必要です。にがりの塩気と苦味は、大豆の甘みやうまみを引き出し、その味を際立たせるので、大豆の味をしっかりと出したい豆腐に向いています。近年では、反応速度を遅らせた加工タイプもあります。

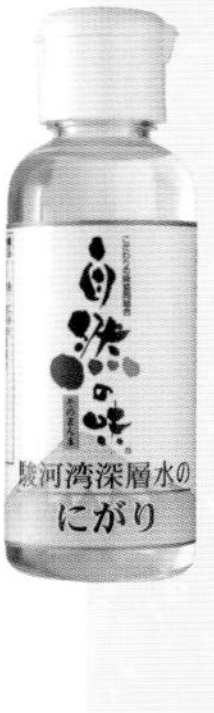

にがり
にがりには、海水から塩の成分を分離して、濃縮・精製した「塩化マグネシウム」と、海水から塩をとった後に残る「海水にがり（粗製海水塩化マグネシウム）」の2種類があります。

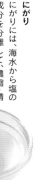

すまし粉

□化学物質名…硫酸カルシウム
□石膏を精製したもの

にがりと同様、成分中にある金属イオンによってタンパク質が凝固しますが、にがりに比べて反応がゆっくりで扱いやすい凝固剤です。保水力が高いため、のど越しがよい絹ごしに向き、淡白でクセのない豆腐になります。日本では昭和10年代に使われ始め昭和の終わり頃まですまし粉を使った豆腐が主流でしたが（詳細P38）、近年はにがりが主流となりました。

すまし粉
すまし粉には石膏を精製した天然のものと、化学的に合成したものがあります。

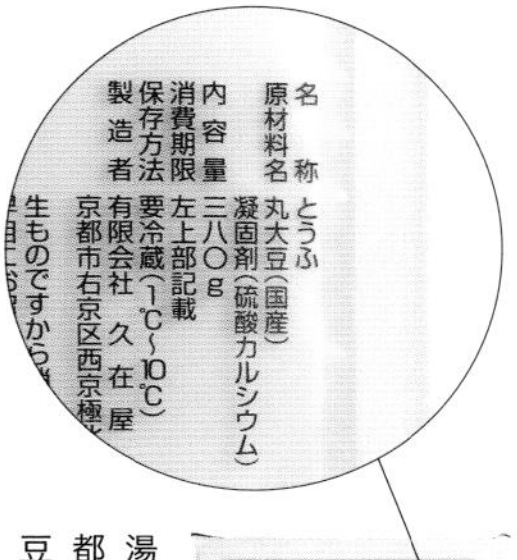

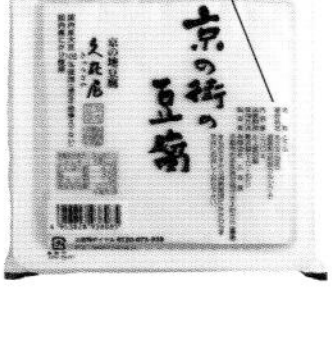

湯豆腐が有名な京都では、すまし粉の豆腐が健在します。

グルコノデルタラクトン

□でんぷんや糖蜜を発酵させたもの

グルコノデルタラクトンは、水に溶けるとグルコン酸に変化し、その酸が豆腐のタンパク質を固めます。すまし粉よりもさらにゆっくりと固まり、なめらかで寒天に近いしっかりとした絹ごしのような食感の豆腐になります。若干の酸味を感じることも。また、酸の作用で細菌の繁殖が抑えられるため日持ちしやすくなり、充填豆腐（P21参照）などに使われてきました。

大豆の〝泡〟を消す消泡剤《しょうほうざい》

豆乳を加熱すると、大量の泡が湧いてきます。これは大豆に含まれるサポニンの作用。泡があると豆腐の固まり方にムラができ、食感や日持ちが悪くなります。そこで泡を消すために加えるものを、総称して「消泡剤」と呼びます。酸化油脂系消泡剤、グリセリン脂肪酸エステル（乳化剤の一種）、米ぬかなどが使われ、最終的に食品にほとんど残らないため「加工助剤」と呼ばれ、パッケージへの表示義務はありません。消泡剤不使用の製品もあります。

豆腐はどうやってつくるの？

豆腐には「木綿豆腐」「絹ごし豆腐」のほか、「寄せ豆腐」「充填豆腐」の4種類があります。下の図は豆腐ができるまでの流れを簡単にまとめたものです。いずれも大豆を水に浸してすり潰し、豆乳を絞る工程は同じ。そこから先の、固め方や仕上げ方が違うため、形状や食感、日持ちなどが変わります。なお、下図のほかに、「ごま豆腐」「卵豆腐」など「豆腐」と名のつく食べ物がありますが、やわらかな食感を豆腐にたとえており、大豆を使った「豆腐」とは別のものです。

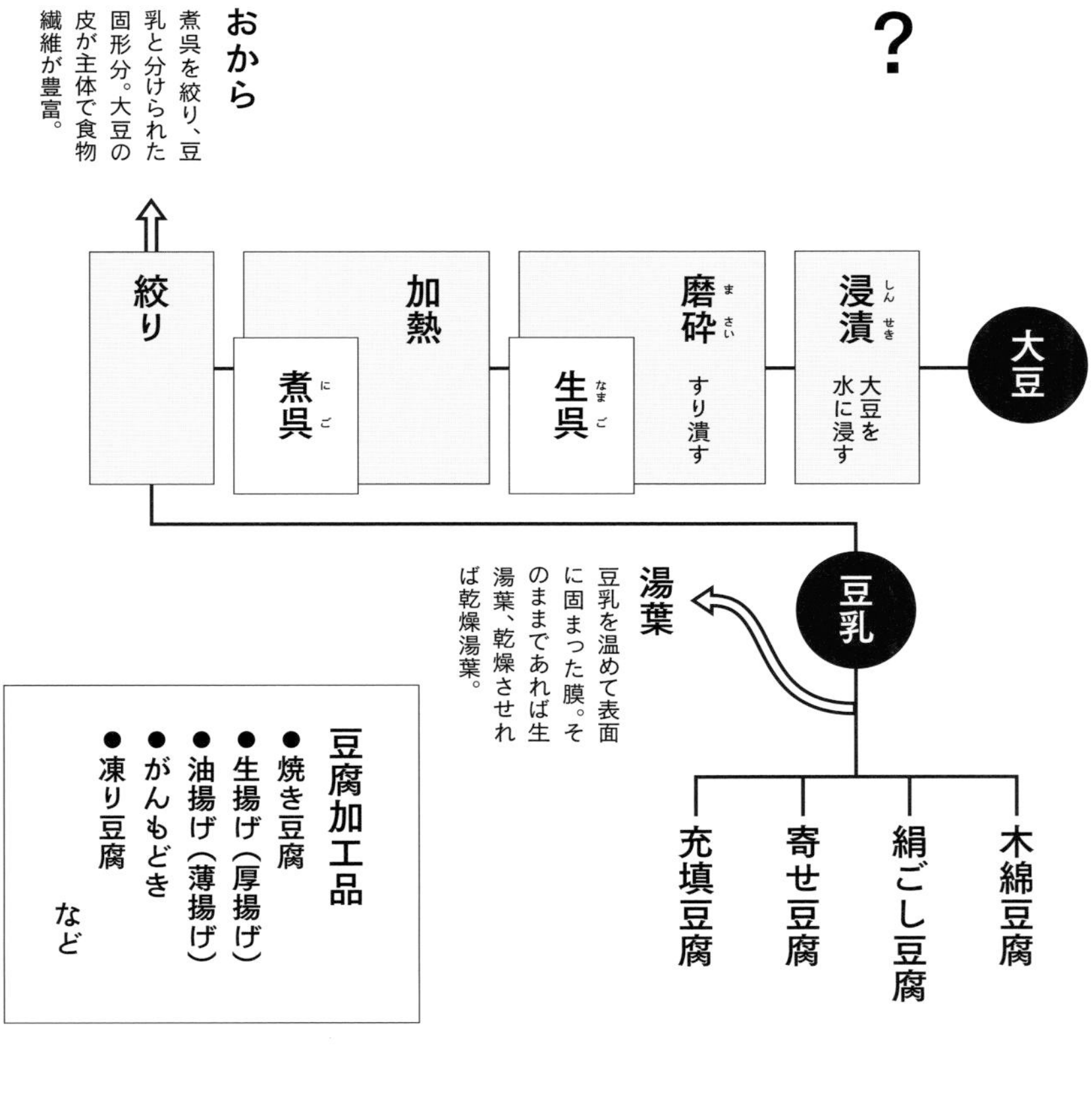

代表的な豆腐4種

木綿豆腐

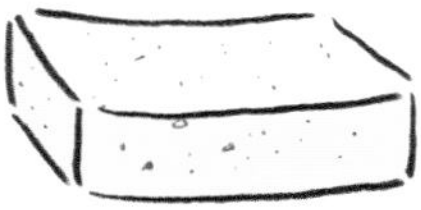

温かい豆乳に凝固剤を加えて固め、それを崩して穴の空いた型箱に詰め、重しをして水分を抜きながら結着させてカットする豆腐。型箱に敷いた木綿の布のあとが表面に残ることから「木綿豆腐」と呼ばれるように。

絹ごし豆腐

型箱に直接温かい豆乳と凝固剤を入れて混ぜ、固めてカットする豆腐。木綿豆腐との違いは、凝固後、崩して水分を抜く工程がないこと。なめらかな食感から「絹ごし豆腐」の名前がつけられました。

水分を抜く工程の有無は栄養価にも表れ、
一般的に絹ごし豆腐より木綿豆腐のほうがタンパク質等の含有量が多くなります。
（100gあたりエネルギー／タンパク質／脂質／炭水化物）

木綿豆腐	**80kcal／7.0g／4.9g／1.5g**
絹ごし豆腐	**62kcal／5.3g／3.5g／2.0g**

出典：『七訂食品成分表2020』（女子栄養大学出版部）

寄せ豆腐

豆乳を凝固剤で固め、お玉ですくって容器に盛りつけた豆腐。元来は木綿豆腐の製造途中で、崩す前の（寄せた）豆腐をすくったものでした。崩れやすくほわほわとした姿がおぼろ月に似ていることから「おぼろ豆腐」の別名も。ざるに盛りつけたのがざる豆腐。

充填豆腐

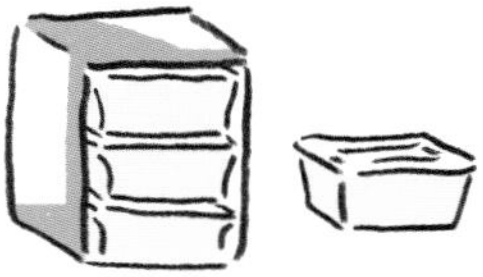

冷たい豆乳と凝固剤を容器に注入して密封し、その後加熱して凝固させる豆腐。日持ちがよく、常温保存できる製品も。容器と豆腐に隙間がないのが特徴で、現在では四角のほか、さまざまな形の製品があります。

豆腐の日持ちどれくらい？

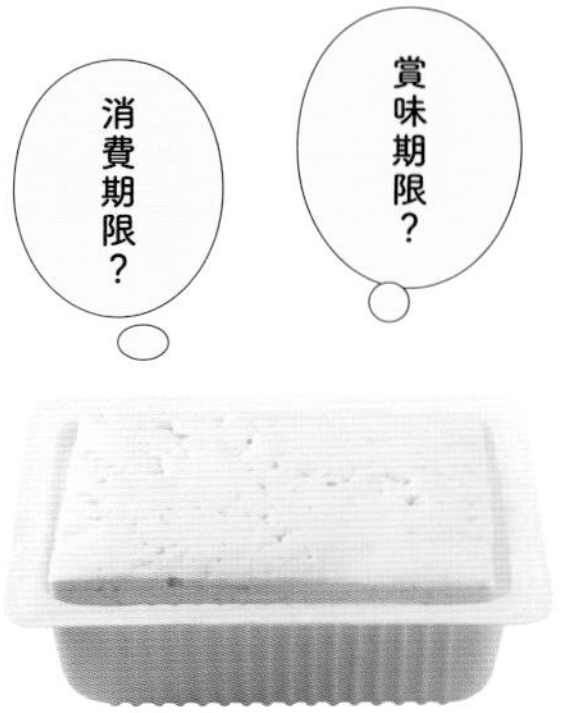

豆腐には、パッケージに「消費期限」と表記されたものと「賞味期限」と表記されたものがあります。「消費期限」は「安全に食べられる期限」で、期限が過ぎると腐敗してしまう傷みやすい食品に使われます。一方、「賞味期限」は「おいしく食べられる期限」で、期限が過ぎてすぐに腐敗するとは限りません。豆腐の場合は製法によって表示が変わります。

なお、豆腐には、保存料や防腐剤は使用されていません。

「消費期限」の豆腐はケーキのような「生もの」

大きな豆腐を型箱で固めてから、水中で1丁のサイズに切り分けてパックに詰め、隙間に保護用の水を注ぐ豆腐を「カット豆腐」と呼びます。一般的に、パック後に加熱殺菌を行わず販売された豆腐は、製造から平均3日〜5日後に「消費期限」が設定されます。町の豆腐店で店頭売りされている豆腐の多くがこちらに該当します。出来立ては風味豊かですが、日がたつにつれ急速に風味が落ちていき、消費期限が過ぎたものは食せません。購入後はできるだけ早めに食べ切りましょう。

ストック性に優れる「賞味期限」の豆腐

一方、カット豆腐をパック詰めしたあとに、加熱殺菌を行うと、細菌の繁殖が抑えられるため日持ちを延ばすことができます。加熱殺菌された豆腐は、平均7日〜10日程度の「賞味期限」が設定されます（メーカーによって「消費期限」と表示することもあります）。ストックに便利なのはこちら。一定期間豆腐の品質は保たれるものの、二次的な加熱によって豆腐が本来持っている風味が多少損なわれるという課題は残りました。しかし、近年では、設備の自動化や衛生管理の徹底により、加熱殺菌をすることなく、出来立ての風味が10日間持続する技術を生み出したメーカーもあります。

「箱入り娘」（太子食品工業株式会社）
徹底した衛生管理のもと、保存用の水を入れずパック後の熱殺菌をしない独自製法により、おいしさと品質を10日間維持する。

長期保存を極めた充填豆腐

パックと豆腐に隙間がなく水が入っていないものは、充填豆腐です。豆腐製造が近代化・機械化する過程で誕生したいわゆる量産型の豆腐で、冷やした豆乳と凝固剤を容器に注ぎ、密閉してから加熱して固めます。この製法でつくられた豆腐の日持ちは非常に長く、「賞味期限」で表示されます。三段重ねになった小さな四角い豆腐をはじめ、ユニークな形をした豆腐など、現代の消費者のニーズや生活スタイルに合わせたさまざまな形状があります。

近年、特に注目されているのは、無菌状態の豆乳を紙パック容器の中で固めた「無菌充填豆腐」。こちらの豆腐は、常温保存可能でなんと日持ちも半年程度。30年以上前から海外へ輸出されてきましたが、日本でも２０１８年から豆腐の常温販売が可能になり、自然災害に備えた「非常食」としてのニーズが高まっています。

「消費期限」の豆腐は鮮度が命の出来立て豆腐、「賞味期限」の豆腐は日持ち重視のストック用豆腐。食べるタイミングや用途に合わせて、買い分け、使い分けができるといいですね。

「絹ごしとうふ」（森永乳業株式会社）
独自製法により半年程度の常温保存が可能。長らく海外に輸出されてきたが、近年は日本国内でも非常食としてニーズが高まる。

工房を見学！豆腐はこうしてうまれる

東京都墨田区の『三善《みつよし》豆腐工房』におじゃまして、大豆が豆腐になるまでの工程を見せていただきました！

浸漬／水に漬けて2倍ほどの大きさになった大豆を割ってみて、中心部が凹んでいなければ、しっかりと水を吸った証拠。

磨砕／昔は石臼を使い、手作業で行っていた。

1 豆乳づくり

【豆選び・浸漬《しんせき》】

豆腐に使う大豆は、店ごとに、価格や豆腐にしたときの味を考えて選びます。大豆は数回水洗いして汚れを落とし、水に漬けます（浸漬）。その日の天候や気温によって時間の長さを調整しますが、夏は7〜8時間、冬なら一昼夜。「今日はこれから大豆を水に漬けるから」と飲み会を切り上げるくらい、豆腐屋さんにとって大切な工程です。

【磨《ま》砕《さい》】

浸漬した大豆に水を加えて、グラインダー（電動の石臼）でペースト

加熱／従来は生呉を地釜に入れて直火で加熱していたため、濃度が高い生呉は焦げ付きやすく不向きだったが、最近はボイラーによる蒸気を釜に吹き込む加熱が主流になり、高濃度の生呉も扱いやすくなった。生呉の煮え方によって、豆腐の固まり具合も左右されるので、細かな時間の管理が必要。

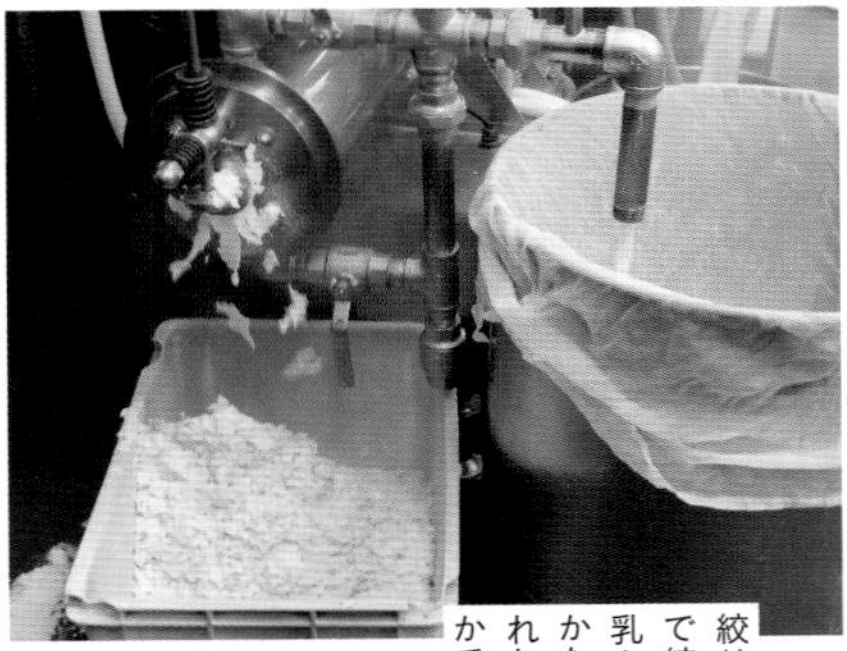

絞り／㊤昔は煮呉を布袋に入れ天秤棒で絞る重労働。㊦絞り機から出てきた豆乳を目の細かい布で漉し、さらになめらかな食感に仕上げる。再度布で漉してとれたおからはとてもきめが細かくなめらかで、「ミジン」と呼ばれる。

状にすり潰し（磨砕）、「生呉《なまご》」をつくります。磨砕は大豆の細胞を壊して、タンパク質などの成分を抽出しやすくするために必要な作業。つくる豆腐の種類によって加える水の量を変え、豆乳の濃度を調整します。

【加熱】

タンパク質を効率的に抽出できるように生呉を加熱。殺菌の役割もあります。煮沸温度は100℃前後で、三善豆腐工房では、最初の4分は60〜96℃、残りの6分は96〜100℃と徐々に温度を上げ、呉に含まれるうまみも十分に抽出。加熱した呉を「煮呉《にご》」といいます。

【絞り】

煮呉を絞り機で、「豆乳」と「おから」に分けます（煮絞り）。

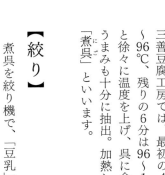

2 寄せる

出来上がった豆乳に凝固剤を加え、均一にかき混ぜて豆腐を固める工程を「寄せ」と呼びます。この寄せが、豆腐づくりのキモ。凝固剤を入れて数秒が勝負です。とくに、にがりは凝固反応が早いので、いかに手早く均一に撹拌できるかが職人さんの腕の見せ所です。寄せる道具は、櫂《かい》や包丁、ワンツーなど。ワンツーは、寄せ桶や型箱に合わせた形の穴が空いた金属板に、取っ手がついています。この器具を「ワン、ツー」とゆっくり3回半（これもそのときの豆乳の状態によって変わるのですが）、上下に動かして撹拌します。撹拌後、30分ほどで豆乳がぷるんと固まってきます。

＼ ワン・ツー ／

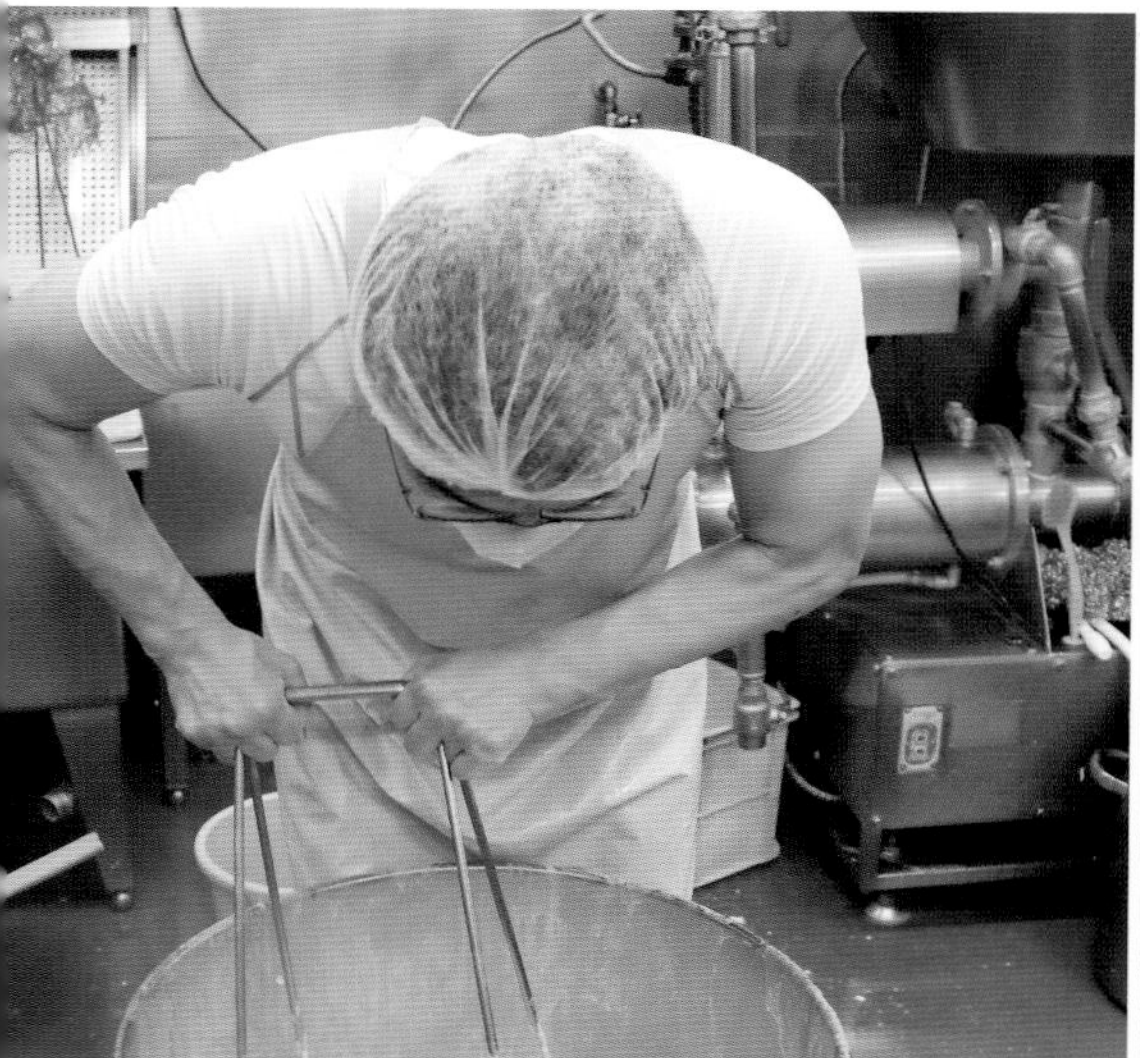

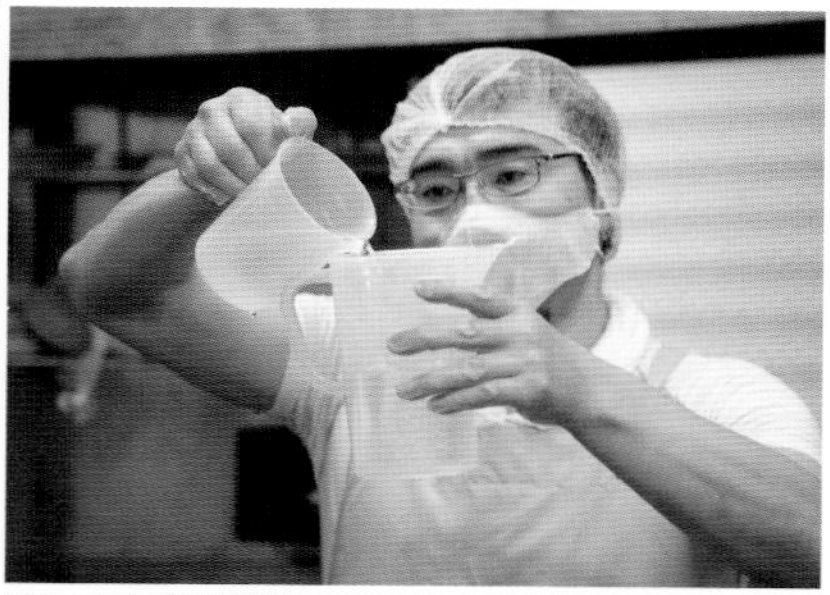

豆乳の濃度、温度、凝固剤の種類、そして〝寄せ〟の技術で豆腐の味や食感が決まる。たとえば三善豆腐工房では、豆乳の濃度（大豆固形分）は絹ごしなら14～15％。温度は60～65℃。

ワンツー

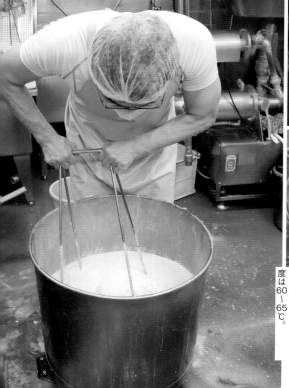

3 豆乳からそれぞれの豆腐へ

木綿

木綿豆腐をつくるには、寄せ桶の中で固まった豆腐状のものを「ボウズ」と呼ばれる大きなお玉や包丁などで「崩し」ます。これは、豆腐に取り込まれなかった水分や油分（これを「ゆ」といいます）を分離しやすくするためです。

次に脱水用の穴が空いた型箱に布を敷き、崩した豆腐を厚みが均一になるように盛り込みます。ここで敷く布は、穴から豆腐が出るのを防ぐもので、出来上がった豆腐の表面には布目が残ります。これが「木綿豆腐」の名前の由来。最後に蓋をして重しやプレス機で上から圧力をかけて脱水していきます。型箱の穴からは「ゆ」が抜けていき、しっかりと固く、タンパク質が凝縮された豆腐が出来上がります。

固さは、重しの重量や押す時間で調整しますが、「ゆ」が適度に抜けて目指す固さになったら箱から水槽に取り出し、水に晒します。それを一定の大きさにカットします。衛生面や日持ちを考慮して、水に晒してしっかりと中まで冷却したら一丁の大きさに切って包装し、保管・出荷します。

細かく崩す、大きく崩すなど、崩し方は豆腐屋さんによって異なり、この加減によって、出来上がる豆腐の食感や固さも変わる。

水中で型から出すと同時に、短冊状にカットされる。手づくりの木綿豆腐はとくに、端と中央で固さに違いが出やすい。それを知っていて、自分好みの固さの部分を指名買いするお客さんもいたとか。

絹ごし

絹ごし豆腐は、豆乳を穴の空いていない型箱に入れ、凝固剤を加えて手早く撹拌し、そのまま固めます。固まったら水に晒し、カットして完成です。崩しや「ゆ」取りをしないので、水分がたっぷり含まれた、やわらかでなめらかな食感の豆腐になります。

なお、「絹ごし」の名は、絹のようななめらかな口当たりのたとえで、実際に絹の布を使うことはありません。

一般的に、木綿豆腐よりも濃度の高い豆乳を使うので、凝固剤を素早く均一に行き渡るように撹拌するには技術が必要です。

寄せ（おぼろ）

木綿豆腐をつくる途中の「寄せ」で固まったものを器に盛りつけたのが寄せ豆腐です。型箱に入れて「ゆ」を抜き、水に晒す過程がないので、大豆本来の香りや味わいをそのまま閉じ込めることができます。これをざるに盛ったのが「ざる豆腐」で、ざるから自然に「ゆ」が抜けて、表面が締まったなめらかな食感の豆腐が楽しめます。

豆ちゃんコラム

豆腐と地域をつなぐ町の豆腐屋さん

これまで全国各地の豆腐屋さんを取材してきて感じるのは、みなさん大豆へのこだわりを持ち個性的な豆腐をつくっていること、そして、地域との密接な関わりを大切にしているということです。その中の1軒が、今回豆腐づくりの過程を見せていただいた『三善豆腐工房』さんです。三善豆腐工房では、奨励品種に加えて、千葉県や茨城県などの大豆生産者さんが栽培した希少な在来種を使って

います。凝固剤はにがりが基本ですが、産地の異なるにがりを使い分けたり、すまし粉（硫酸カルシウム）を配合したりなど、豆腐の種類によって使い分けています。「豆腐づくりは、途中の工程で失敗するとそこからV字回復できないんです。すべての工程で100点を目指すのは難しいですが、大豆の味を最大限に活かすために、ひとつひとつの工程を丁寧に行っています」という三善豆腐工房の店主・平田慎吾さんの言葉は、どの豆腐屋さんにも共通する想いではないかと思います。

平田さんが1日に使う大豆は60〜120キロ（1〜2俵）。朝早くからお昼くらいまで、木綿、絹ごし、寄せ、ざるなどの商品ごとにつくり、他にも在来種を使った豆腐、ごまやバジルなどの変わり豆腐、さらには油揚げ、がんもどき、湯葉、豆腐ドーナツ、お惣菜などさまざまな商品をお店に並べ、学校給食や飲食店への納品、トラックでの行商と大忙しです。また休日は、地域のお客さんや豆腐職人仲間を招いて大豆生産者さんの畑で枝豆収穫イベントを開催したり、子どもたちへの食育活動に取り組んだりと、精力的に活動されています。そんな三善豆腐工房には、幅広い世代のお客さんが訪れます。地元想いの豆腐屋さんが丹精込めてつくった出来立ての豆腐を、直接買うことができる。そんな豆腐屋さんがある町の風景には、人と人の温かなつながりを感じます。

三善豆腐工房
東京都墨田区京島3-22-11
下町人情キラキラ橘商店街

豆腐マイスター直伝

気軽にチャレンジ 手づくり豆腐と湯葉

自家製の豆腐は大豆のふくよかな香りが感動的。ぜひ出来立てを召し上がれ。

※にがりはメーカーによって濃度が異なります。何度かつくって分量を調整してください。

あなたも豆腐屋さん

大豆からつくる寄せ豆腐

〈材料（つくりやすい分量）〉

大豆……100g

湯……400㎖

にがり（原液タイプ）……3g＋水9g

〈道具〉

ミキサー

ボウル

さらし

木ベラ

鍋（直径15〜18㎝）

温度計

デジタルスケール

1

大豆をボウルに入れ、たっぷりの水（分量外）に漬けて一晩おく。

大豆が水を吸い、割ってみて中央に凹みがなければOK

2

分量の湯を沸かし、少し冷ます（60℃程度）。工程1の大豆と湯を1：1の割合でミキサーに入れ、攪拌する。一度に入らない場合は、何回かに分けて攪拌する。余った湯は工程3の呉に混ぜる。

3

どろっとした呉《ご》が出来る。

4

呉をさらしで絞り、豆乳とおからに分ける。

5

豆乳を鍋に入れ、焦げないように木ベラで鍋底からかき混ぜながら、強火で沸騰するまで加熱する。

吹きこぼれやすいので注意。

6

弱火にし、かき混ぜながらさらに10分加熱する。火からおろして80℃まで冷ます。

7

木ベラで豆乳を同じ方向に10回混ぜて液体の流れをつくり、水と合わせたにがりを入れて素早く同じ方向に5回混ぜたら、ヘラで豆乳の流れをしっかり止める。

にがりを入れる温度は80℃

8

火を止め、蓋をして15分待つ。

9

出来上がり！まずはそのまま、大豆の風味を味わってみてください。

豆乳からでもつくれます

無調整豆乳300㎖を鍋に入れて80℃まで温め、工程7以降と同様につくります。

レンジで手軽に

ミニ寄せ豆腐

〈材料・2人分〉

豆乳 ……… 250㎖
大豆固形分10％以上または〝豆腐がつくれる〟と表示のあるもの

にがり（原液タイプ）……… 3g＋水9g

〈道具〉

耐熱深皿
スプーン
ラップ
電子レンジ

1
冷たい豆乳をカップに注ぐ。

2
水と合わせたにがりを加えてスプーンでゆっくり均一になるように混ぜ、ふんわりとラップをかける。

小分けにする場合は器に取り分けてラップをする

3
レンジで温める。600Wで1分半～2分。3分ほどおいて余熱で仕上げる。固まらない場合は30秒ずつ追加加熱。

4
出来上がり！ツルンとプリン状に仕上がります。

お好みの薬味とタレでどうぞ

まさかの自家製

ホットプレート湯葉

〈材料・2～3人分〉

豆乳……1ℓ
大豆固形分10％以上または〝豆腐がつくれる〟と表示のあるもの

〈道具〉

ホットプレート（深めのタイプ）

菜箸

1

ホットプレートに1㎝ほど豆乳を入れ、低温で温めたら保温モードにする。

2

表面にできる膜が湯葉。菜箸で引き上げ、しょうゆ、塩などお好みの調味料でいただく。だんだんやわらかな湯葉になります。湯葉ができなくなったら、残った豆乳は鍋物の際などに使うとよいでしょう。

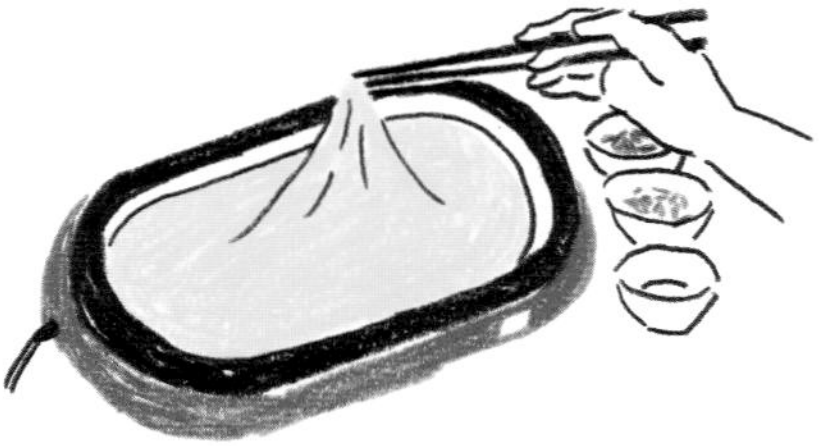

「生絞り」と「煮絞り」の豆乳

豆乳の製法には「生絞り」と「煮絞り」があります。このふたつの違いは、加熱のタイミングです。

大豆を水とすり潰した「生呉」を絞って豆乳とおからに分け、豆乳のみを加熱する方法が「生絞り」。こちらは古くから中国・韓国でも採用されてきた製法で、えぐみのない豆乳が絞れます。

一方、「生呉」を加熱してから豆乳を絞るのが「煮絞り」で、大豆タンパクが効率よく抽出できるため、濃度の高い豆乳が絞りやすいのが特徴です。

現在、日本では「煮絞り」でつくる豆腐が一般的ですが、島豆腐をつくる沖縄では、今でも「生絞り」が用いられています。

日本人が食べてきた豆腐

豆腐発祥の地、中国から日本へ

豆腐の起源は中国ですが、いつ誕生したのか確かな記録はありません。紀元前2世紀に前漢の淮南王《わいなんおう》である劉安《りゅうあん》が発明した説が有力ですが、南北朝から唐の時代に北方民族がもたらした腐乳（チーズのようなもの）の乳を豆乳に変えてつくったなど、諸説あります。

そんな豆腐が日本に伝来するのは奈良時代で、遣唐使の僧侶らによって伝えられたとされています。当時の豆腐は、いわば舶来物。貴族や僧侶など一部の人々のみが食べられる、とても貴重で贅沢な食べ物でした。

鎌倉・室町時代にかけて、豆腐は禅宗の広がりとともに精進料理の素材として少しずつ普及し、武家にも広がり、豆腐をつくる地域も奈良から京都、そして全国へと拡大しました。室町時代の書物からは、当時、商売人としての豆腐売りがいたことがわかります。

紀元前2世紀
●中国の王様劉安が豆腐を発明（諸説あり）

奈良時代（710〜794年）
●遣唐使により日本に豆腐が伝来

平安時代（794〜1185年）
●豆腐が初めて文献に登場
奈良春日若宮（春日大社の摂社）の神主の日記に「唐符（とうふ）」の記載（1183年）

本格的に豆腐が普及する江戸時代

江戸時代に入ると、江戸や京都などの都市や、地方でも市場があり栄えている地域には豆腐屋が生まれました。大豆をすり潰す石臼が一般的に使われるようになり、豆腐づくりがしやすくなったことも普及に一役買ったようです。豆腐料理を提供する茶屋、居酒屋も増え、庶民も豆腐を食べるようになりました。この頃、豆腐は多くの人が安心して食べることができるように、不当な値上げが規制されていたようです。

江戸時代中期には豆腐のレシピ本『豆腐百珍』が大阪で刊行され、大ベストセラーになり、以後急速に普及していきます。

都市部では「買う」ものでしたが、農村部では「つくる」ものだった豆腐。地元で採れた大豆を使ってつくる、冠婚葬祭など「ハレ」の日の一品、ごちそうだったようです。今でもその習慣が残っている地域もあります。

鎌倉・室町時代（1185〜1573年）

●国内での普及が進む

●豆腐売りが出現

『七十一番職人歌合三十七番』（1500年末頃）に「豆腐めせ 奈良より登りて候」と説明書きが添えられた「豆腐うり」の絵が描かれている

江戸時代（1603〜1867年）

●本格的な普及

●『豆腐百珍』刊行（1782年）

豆腐が登場する落語

「徂徠豆腐」

「酢豆腐／ちりとてちん」

豆腐をこよなく愛した歴史上の人物

大村益次郎（1824〜1869）

豆腐づくりの近代化

大正時代には豆腐づくりは少しずつ近代化・機械化が進みますが、本格的になったのは戦後のことです。

まず第二次世界大戦中、にがりは軍需物資（戦闘機などに使うマグネシウム軽合金の材料）となり使えなくなり、すまし粉（硫酸カルシウム）で固めた豆腐が増えていきます。すまし粉はにがりよりも扱いやすいこともあり、昭和30年代には9割以上の豆腐に使われていたと言われています。この頃ビニールの袋に豆乳とすまし粉を入れて湯煎で固めた「袋豆腐」が開発されました。少し日持ちが長いので、スーパーなど豆腐屋さん以外の店に置くことができるようになりました。

さらに電動グラインダーや蒸気釜の普及、大豆供給量の増加などで、豆腐の生産が拡大。ピークの昭和35年には5万軒を超える豆腐屋さんがあり、これは現代のコンビニに匹敵する軒数です。昭和42年、中小企業近代化促進法で豆腐製造業は近代化が必要な業種に指定され、乳業メーカーなど大企業が参入。大量生産の豆腐が流通し始めます。

大正（1912〜1926年）

- 電動石臼ができる

昭和（1926〜1989年）

にがりは戦闘機などの材料に使われました

- にがりからすまし粉へ（昭和10年代後半〜）
- 電動石臼や蒸気釜が普及（昭和20年頃）
- スーパーマーケットでの豆腐の普及（昭和30年頃）
- 充填豆腐の原型「袋豆腐」誕生
- 豆腐製造者数がピークに達する（5万1595軒、昭和35年）
- 中小企業近代化促進法で、豆腐製造業が近代化促進業種に指定（昭和42年）
- にがり回帰が見られるようになる（昭和50年頃〜）

多様な豆腐の時代へ

昭和50年、豆腐製造時の衛生管理や販売時の保存に関する「豆腐製造流通基準」が定められました。また、昭和の終わり頃からにがりで固めた豆腐への回帰が見られ、平成に入ると、にがりが再び主流となりました。平成以降も量産化は進み、スーパーや量販店では価格競争も激化していきます。こうした流れから、家族経営を中心とした小規模の製造者は、原料大豆の価格高騰や後継者不足も影響して数を減らし、平成20年代前半には1万軒を切り、現在も年間約500軒ずつ減少し続けています。

しかしながら、豆腐の消費量はさほど変わらず、私たちの食卓に欠かせない豆腐の楽しみ方は、時代とともに多様化しています。豆腐屋さんの中には、これまで以上に大豆農家さんとの関係を密に築いたり、豆腐を使ったお惣菜やデザートを開発したりと、工夫を凝らしながら豆腐に新たな価値を見出すお店もあります。また、平成27年からは「全国豆腐品評会」が開催され、豆腐業界全体を盛り上げる動きも活発化しています。

昭和30年代の豆腐屋さん

写真提供：一般財団法人全国豆腐連合会

平成
（1989～2019年）

- 「豆腐製造流通基準」の策定（昭和50年）
- 豆腐製造がほぼ機械化される（昭和60年頃～）
- スーパーマーケットや量販店の急増
- にがり豆腐が本格的に普及
- 全国豆腐品評会開始（平成27年）

日本一おいしい豆腐を決める品評会

平成27年から「全国豆腐品評会」が開催され、職人さんたちが技術と品質、賞を競うだけでなく、全国の豆腐を知る機会にもなっています。

江戸時代のベストセラーレシピ本

豆腐百珍

『豆腐百珍』は、江戸時代中期に大阪で刊行された料理本です。その名前の通り、100品の豆腐料理が、尋常品、通品、佳品、奇品、妙品、絶品とランク分けして紹介されています。著者は、醒狂道人何必醇《せいきょうどうじんかひつじゅん》、版元（現代の出版社）は大坂高麗橋の藤屋善七とあります。豆腐に関する中国古典の紹介もあり、随所に遊び心が伺える内容から、著者は文人（風雅を好み、文学に秀でている人）だろうと言われています。田楽や奴豆腐など、私たちにも馴染みのある料理もありますが、一方で変わった料理も。たとえば奇品の玲瓏《こおり》豆腐は、寒天を溶かした湯で豆腐を煮て冷ましたもの。透明な寒天から白い豆腐が見える涼しげな料理です。ここではそんな豆腐百珍の料理をいくつか、現代の家庭でも作りやすいレシピで紹介します。

江戸時代、豆腐田楽は茶屋などでポピュラーなファストフードでした。

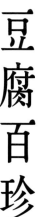

田楽

田楽は百珍のなかでも14種が紹介され、江戸庶民に親しまれていたことが伺えます。

水切りレベル 4

※P72参照

浅茅《あさじ》田楽

〈2～4人分〉
木綿豆腐 …1/2丁
しょうゆ …少々
梅干し（紀州南高梅など）…………2個（約25g）
けしの実 …小1/2

1 木綿豆腐に竹串を刺し、しょうゆをまぶす。
2 オーブントースターで**1**を2分ほど焼く。
3 梅干しは種を取り除き、包丁で叩く。
4 **2**に**3**を塗り、けしの実をふり、再びオーブントースターで2分焼く。

白みそ田楽

〈2～4人分〉
木綿豆腐 ……1/2丁
白みそ ……大2
みりん ……大1
粉山椒 ……小1/4

1 小鍋にみそ、みりんを入れて弱火にかけ、2分ほどかけてよく練り合わせ、粉山椒を加える。
2 1cm厚さに切った豆腐に竹串を刺し、**1**を塗る。
3 **2**をオーブントースター（または魚焼きグリル）で3～5分、焼き色がつくまで焼く。

ピリ辛みそ田楽

〈2～4人分〉
木綿豆腐 ……1/2丁
A 信州みそ（合わせみそ）……大2
豆板醤 ……小1/4
ごま油 ……小1
みりん ……大2
白炒りごま ……小1/2

1 小鍋に**A**を入れて弱火にかけ、2分ほどかけてよく練り合わせる。
2 1cm厚さに切った豆腐に竹串を刺し、**1**を塗る。
3 **2**をオーブントースター（または魚焼きグリル）で3～5分、焼き色がつくまで焼き、ごまをふる。

しじみもどき

動物性の素材に見立てた「もどき」料理。
豆腐を油でしっかり炒めると
きゅっと縮んでしじみのように。
甘辛い味つけで、食べ応えもあります。

〈2人分〉

木綿豆腐……1丁
ごま油……小1
酒……大1
しょうゆ……大1
粉山椒……少々
小ねぎの小口切り……適量

水切りレベル 3

※P72参照

1 鍋に豆腐を入れ、木ベラで崩しながら弱めの中火で炒る。水分が少なくなり、しじみくらいの大きさになるまで炒ったら、ごま油を加えて炒め、一旦取り出す。
2 **1**の鍋に酒、しょうゆを加えて中火で煮立てる。
3 **2**に取り出しておいた豆腐を戻し、煮絡める。
4 **3**を器に盛り、粉山椒、小ねぎを散らす。

ふわふわ豆腐

しっかり泡立てた卵と豆腐を混ぜた、
味わいもふんわりやさしい一品。
ここでは粗びき黒こしょうでピリッと締めます。

水切りレベル 1

※P72参照

〈2人分〉
絹ごし豆腐……150g
卵……1個
A だし汁……300㎖
　しょうゆ……大1/2
　塩……小1/4
粗びき黒こしょう……少々

1 卵はハンドミキサーでもったりするまで泡立てる。
2 豆腐を手でよく崩しながら**1**に加え、ハンドミキサーでさっと混ぜ合わせる。
3 鍋で**A**を煮立て、**2**をお玉ですくって加える。中火で2分ほど煮る。
4 **3**を器に盛り、粗びき黒こしょうをふっていただく。

あられ豆腐

小さく崩した豆腐を揚げた姿が霰《あられ》のよう。本来はザルの中で豆腐を転がし、豆腐の角をとりますが、ここでは揚げやすいよう片栗粉を混ぜて揚げます。

水切りレベル 4

※P72参照

〈2人分〉

木綿豆腐……200g

片栗粉……大1

A 抹茶……少々

塩……小1/4

揚げ油……適量

1 豆腐を手で細かく崩し、片栗粉を加えて混ぜ合わせ、ひと口大に丸める。

2 揚げ油を170℃に熱し、**1**を3〜5分ほど揚げる。

3 **2**を器に盛り、合わせた**A**を添える。

八《はち》杯《はい》豆腐

調味料が六・一・一の割合で足すと八だから八杯豆腐。江戸風の甘辛いつゆで麺状に切った豆腐をいただきます。

水切りレベル 4

※P72参照

〈2人分〉

木綿豆腐……1/2丁

A
- だし汁……大6
- しょうゆ……大1
- 酒……大1

片栗粉……小1/2

かいわれ大根……適量

1 豆腐は5㎜角程度の細切りにする。

2 鍋に**A**を合わせ、火にかけて混ぜながら一度温め、アルコール分をとばしてから、冷ましておく。

3 器に**1**を盛り、**2**をかけ、根を切り落としたかいわれ大根を添える。

日本の地域の豆腐

奈良時代に中国から伝来した豆腐は、長い年月をかけて日本各地に広がっていきました。その土地その土地でつくられ、食べられてきた豆腐は、今も各地に受け継がれています。

地域で食べられてきた豆腐

発達した流通網がない時代、基本的にはつくったその日のうちに食べていた豆腐。必然的に近隣の限られた地域の人たちのためにつくられてきたため、豆腐には日本各地の多様な風土や気候、食文化が反映されています。

地域に根ざした豆腐で多いのは木綿豆腐です。といっても今、私たちが食べるものよりもずっと固く、しっかりと水分が抜けていました。固いことでよく知られているのは沖縄県の島豆腐ですが、ずっしりとしていて「縄で縛って運ぶことができた」と言われるほどの堅豆腐は、徳島県、高知県、熊本県などにもあり、石豆腐、岩豆腐と呼ぶ地域もあります。北陸三県にまたがる白山麓の堅豆腐は、遣唐使によって日本にもたらされた豆腐の原型を残しているといわれています。一方同じ固い豆腐でも、朝鮮半島由来なのが、高知県の田舎豆腐。豊臣秀吉の朝鮮出兵の際に、土佐藩の大名が連れて帰ってきた朝鮮の武将一族が製法を伝えたとされています。

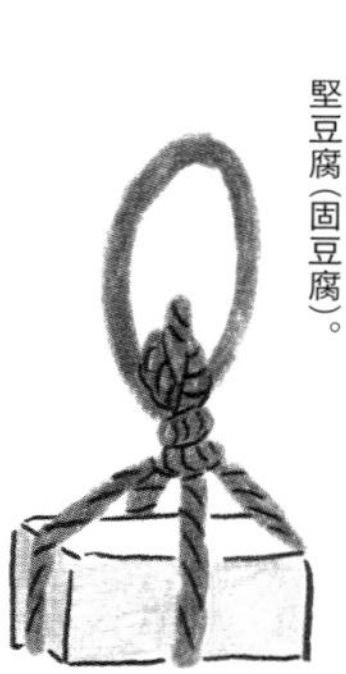

水分が抜け、縄で縛ることができるほどにしっかりとした堅豆腐(固豆腐)。

保存性を高める あの手この手

昔の人たちは、貴重なタンパク源で栄養豊かな豆腐の保存性を高めるために、ワラなどで包んでゆでる、漬ける、燻す、乾燥させるなどの方法で豆腐を加工してきました。

稲ワラや竹づと、こも（ワラでつくったむしろ）などで巻いてゆでた豆腐は、つと豆腐（福島県、茨城県）、こも豆腐（岐阜県）、すぼ豆腐（島根県、山口県）などと呼ばれています。ゆでることで日持ちがよくなり、しかもスポンジ状になるので味がしみやすく、煮しめなどに使われています。

豆腐の水を切ってみそや梅酢に漬けたものも各地にあります。熊本県の豆腐のみそ漬けは、平家の落人の保存食と言われています。また、高知県や茨城県では梅酢に漬けた梅豆腐、京都府のみそや醤油で数時間煮込んだ豆腐羹《かん》は、チーズのような味わいを楽しむことができます。

固くつくった豆腐を燻したいぶり豆腐・燻製豆腐は岩手県、長野県、愛知県、岐阜県、熊本県などの名産です。岐阜県郡上市の燻り豆腐は、豆腐をみそに一昼夜漬けた後、煙で燻したもので、700年以上前からつくられていました。

木綿豆腐を凍らせて乾燥させた高野豆腐・凍み豆腐（凍り豆腐）も、豆腐の保存食品です。高野豆腐は、高野山の宿坊が発祥の地。長野県や東北地方では凍（し）みる（凍らせる）の意味で凍み豆腐と呼ばれます。どちらも精進料理に使われます。山形県で同じく精進料理に使われている六浄豆腐は、塩を使って豆腐から水を抜いて乾燥させ、さらにそれを削ったもの。出羽三山で修行する京都からの修験者が伝えたと言われています。

郷土の豆腐と豆腐料理

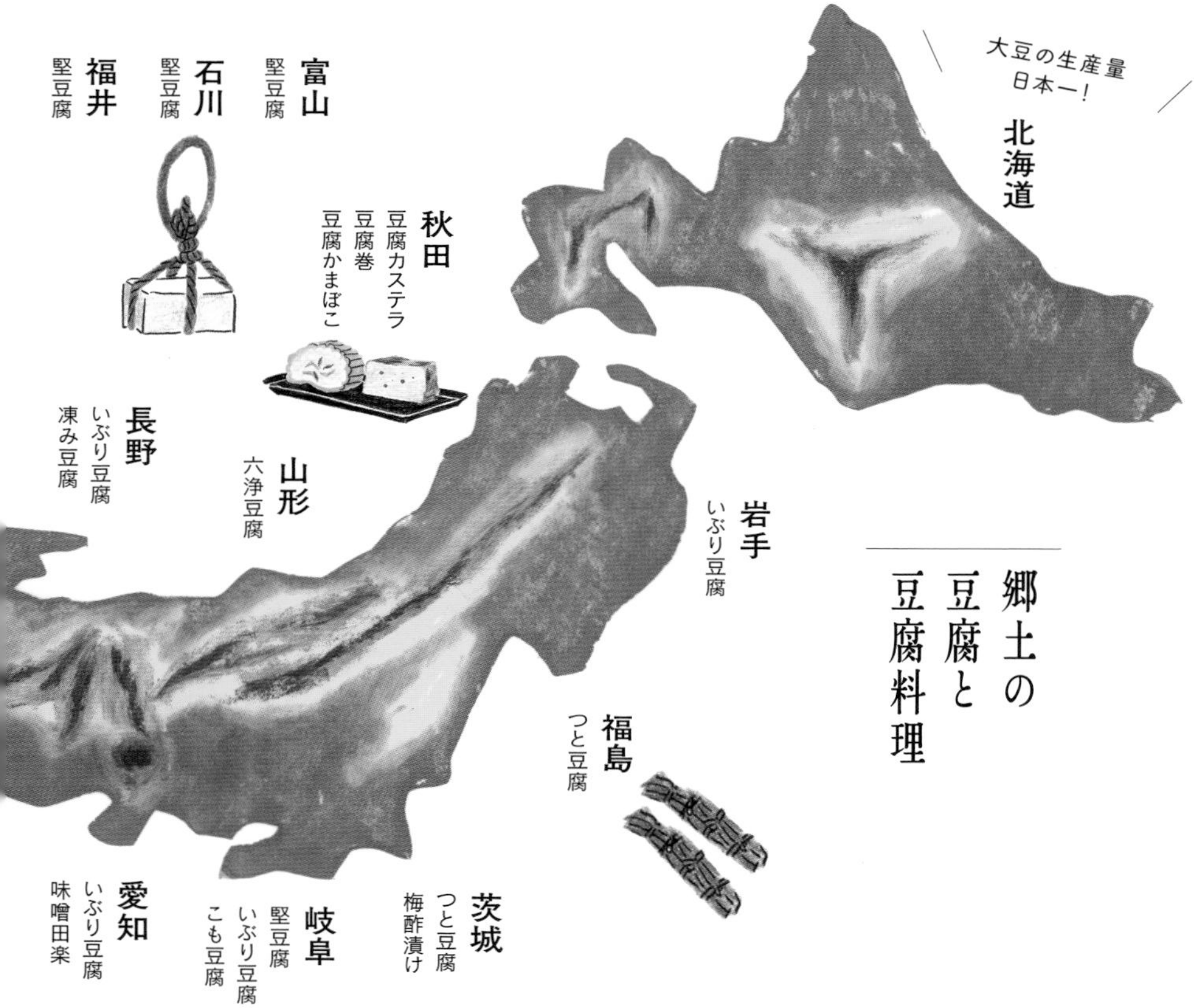

ハレの場を彩る加工品

菜豆腐

豆腐は、冠婚葬祭やお正月、お祭りなどハレの場に欠かせない食材でもあります。宮崎県椎葉村の菜豆腐は、貴重な大豆を節約するために平家カブの葉を入れたのが始まりだったそうです。今ではお祭りを彩る食べ物として、菜の花や藤の花、にんじん、パプリカなどを入れた四季折々のカラフルな菜豆腐がつくられています。

同様に秋田県の県南でお祝いの場を彩るのが豆腐カステラ・豆腐巻です。水切りした豆腐に砂糖、卵などを入れて四角く焼いたのが豆腐カステラ、巻きすで巻いて蒸したものが豆腐巻です。新鮮な魚介類が手に入りにくい内陸の地域で、おもてなしの料理としてつくられてきました。

　また、ちくわの消費量日本一の鳥取県で、江戸時代から愛されてきたのが豆腐ちくわです。港の開発が遅れていて漁獲量が少なかった鳥取藩では、藩主が「魚の代わりに豆腐を食べるように」と推奨したことから、豆腐7対すり身3の割合で混ぜて蒸してつくるちくわが生まれたそうです。

　日本各地で育まれてきた独特の豆腐とその加工品に出合い、その背後にある歴史や文化、人々の営みを知るほどに、豆腐の奥深さをあらためて感じます。次のページから、家庭でつくりやすい郷土料理のレシピをいくつか紹介します。

「ほんこさま」と豆腐

北陸三県（富山県、石川県、福井県）は、古くから親鸞聖人が開いた浄土真宗の熱心な信者が多く、聖人の命日の前後になると、その遺徳を偲ぶ法事「報恩講」のお勤めが行われています。「ほんこさま」「ほんこさん」とも呼ばれ、その法会でふるまわれる精進料理には各地方で違いがあります。

　富山県五箇山では今も「ほんこさま」が大切にされていて、各家庭で行います。そのときの料理に欠かせないのが五箇山豆腐と呼ばれる堅豆腐です。煮しめに蓋のようにどんと載っていたり、さいの目に切られて汁物の具に入っていたり、随所に使われています。

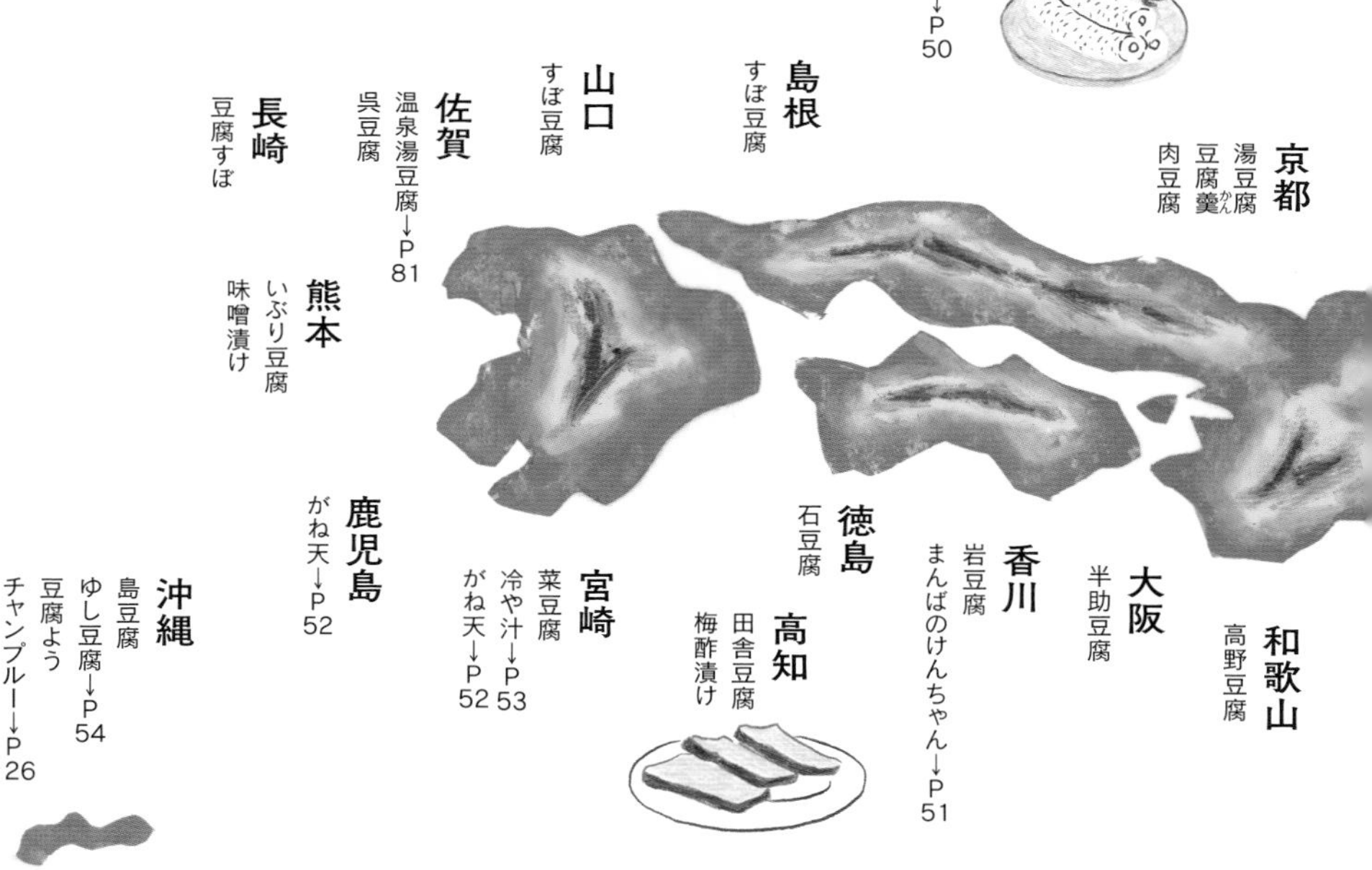

どんどろけ飯

どんどろけは、鳥取の方言で「雷」のこと。豆腐を油で炒めるときのバリバリという音を雷になぞらえています。

水切りレベル 3

※食べやすく手で崩し、ペーパーで挟んで15分ほどおいて水気を切る

〈3合分〉

- 木綿豆腐……200g
- 米……3合
- ごぼう……1/2本（50g）
- にんじん……50g
- 油揚げ……1枚
- 干し椎茸薄切り……5g
- ごま油……大1
- **A** しょうゆ……大2
- みりん……大2
- 塩……小1/2
- だし汁……400mℓ

1 ごぼうはささがき、にんじんは細切り、油揚げは細切りにする。干し椎茸は水で戻す（戻し汁はとっておく）。

2 米は洗ってザルにあげる。

3 フライパンでごま油を熱し、豆腐を入れる。あまり返しすぎないように焼くような感じで炒める。

4 **1**を加えてさっと炒め合わせる。

5 炊飯器に**2**、**A**、干し椎茸の戻し汁（100mℓくらい）を加えて3合ラインよりも少し少なめに入れる。**4**をのせて平らにならし、蓋をして炊く。

6 炊き上がったらさっくりと混ぜ、10分ほど蒸らす。

まんばのけんちゃん

「まんば」は香川の青菜で高菜の一種。「けんちゃん」は精進料理の「けんちん」のなまりです。ここでは手に入りやすい小松菜を使いました。油で炒めてから煮ることで、コクが生まれます。

水切りレベル 4 ※P72参照

〈2人分〉
木綿豆腐……1丁
油揚げ……1枚
小松菜……100g
ごま油……小2
A だし汁……150mℓ
しょうゆ……大1
みりん……大1

1 油揚げは5㎜幅の細切りにする。
2 小松菜は3㎝幅のざく切りにする。
3 フライパンでごま油を熱し、**2**をさっと炒める。
4 豆腐を食べやすく手で崩して**3**に加え、さらに**1**、**A**を加え、中火で5分ほど煮含める。

※小松菜の代わりに高菜漬けを使うのもおすすめですが、その場合は、味つけは様子をみながら控えめにしてください。

がね天

見た目が蟹（鹿児島の方言でがね）に似ていることが名前の由来。
衣に豆腐を使い、
外側はカリカリ、中はふんわりのおやつにもぴったりの天ぷらです。

水切りレベル 1

※P72参照

〈作りやすい分量〉
絹ごし豆腐……100g
さつまいも……150g
A 薄力粉……大2
　片栗粉……大2
　きび糖……大1
　塩……小1/3
揚げ油……適量

1 さつまいもは細切りにする。水にさらしてアクを抜き、水気をよく拭き取ったら小麦粉（大1・分量外）をまぶしておく。
2 豆腐はボウルに入れて潰し、**A**を加えて混ぜ合わせる。
3 揚げ油は170℃に熱する。
4 **2**に**1**を加えて混ぜ、適量をスプーンですくい、油に入れ、5分ほど揚げる。
※薄力粉、片栗粉を天ぷら粉（大4）で代用してもいいです。

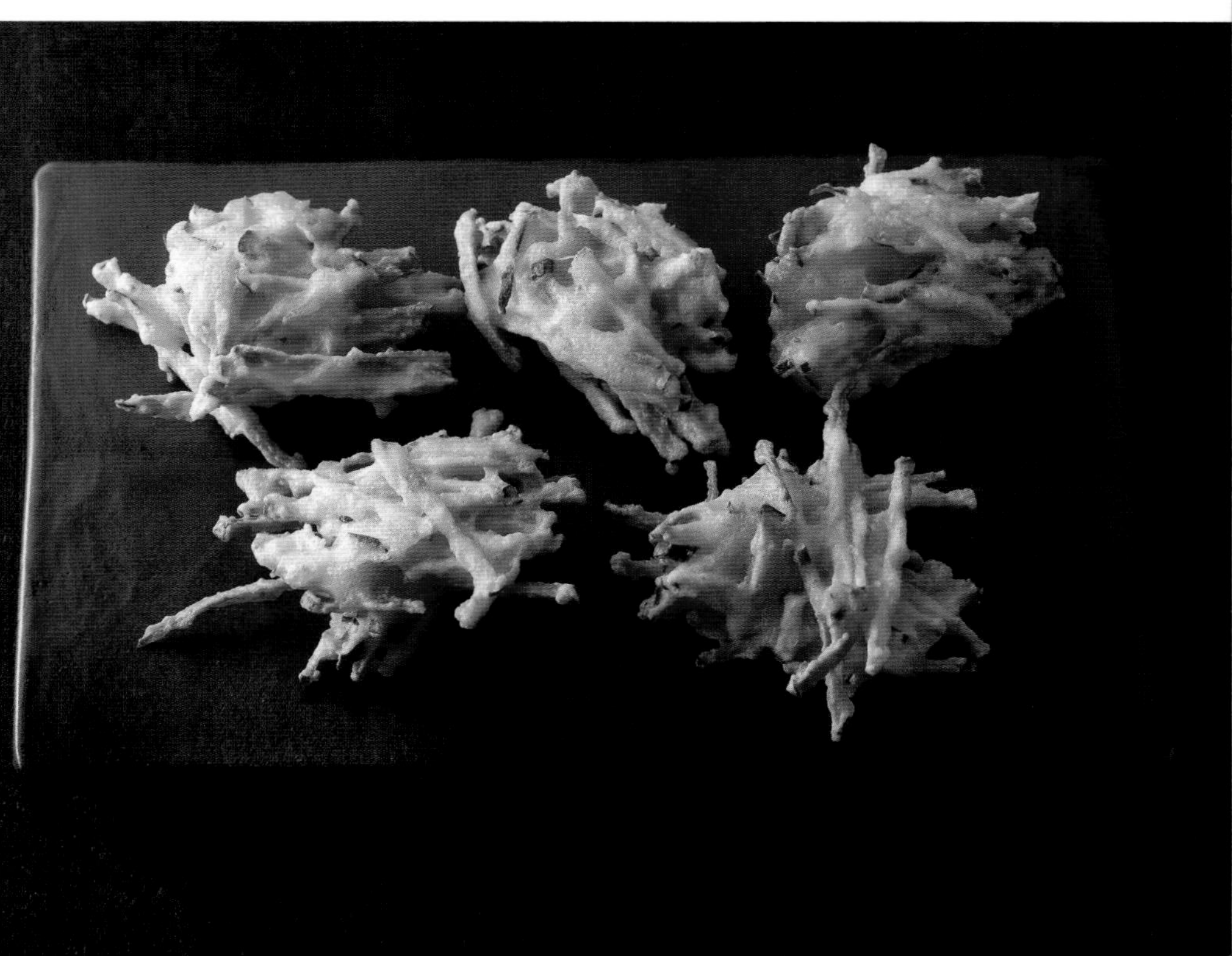

ツナ冷や汁

鹿児島や宮崎の郷土料理で、
魚とみそと氷水を汁にし、
ごまなどの薬味とともにごはんにかけて食べます。
具は地域や家庭によって異なりますが、
豆腐はポピュラーな具。
ここでは手軽にツナを使いました。

水切りレベル 1

※P72参照

〈2人分〉

木綿豆腐……100g
きゅうり……1/4本
みょうが……1個
A ノンオイルツナ……1缶（汁気は切らない）
　みそ……大1
　氷水……300㎖
　白ごま……小1
温かいごはん……茶碗2杯分
青しそ……4枚

1 豆腐は食べやすく崩す。

2 きゅうりは小口切りにし、塩（ふたつまみ・分量外）をふってもんでしばらくおき、水分が出てきたら絞る。みょうがは小口切りにする。

3 **A**を混ぜ合わせ、**1**を加える。

4 茶碗にごはんを盛り、**2**をのせ、**3**をかけ、細切りにした青しそをのせる。

ゆし豆腐

沖縄の郷土食で、朝食や〆にも人気の一品。
やさしい食感でほんのり塩気があり、
するすると食べられます。
ここでは手に入りやすい寄せ豆腐を使っています。

〈2人分〉
寄せ豆腐……………1パック
だし汁……………200㎖
塩……………………小1/3
とろろ昆布…………適量
小ねぎの小口切り…適量

1 鍋でだし汁を温め、寄せ豆腐をスプーンですくって加えて塩で味つけする。
2 **1**を器に盛り、とろろ昆布、小ねぎをのせる。
※寄せ豆腐は新鮮なものであれば水分ごと加えてもいいです。

豆ちゃんコラム

沖縄に残る素朴な豆腐づくり

　地域色のある豆腐を語るうえで外せないのが、沖縄県です。沖縄の市場やスーパーに行くと、一般的な豆腐の3倍はあろうかというほど大きくて固い島豆腐や、ふわふわとした豆腐が水分と一緒に詰められたゆし豆腐が店頭に並んでいます。しかも、温かいままで。どちらも〝アチコーコー（沖縄の方言で、熱い、ホカホカという意味）〟で買うことができるのが沖縄なのです。

　沖縄の豆腐の伝統的な製法は、生絞りの豆乳を直火で炊き（地釜炊き）、海水で固めるというもの（現在は海水の代わりに水ににがりと塩を加えたものを使用することが多い）。海水を使うとにがりに比べて豆乳がゆっくりと固まり、ふわふわとしたお豆腐が浮いてきます。それを水分と一緒にすくったものがゆし豆腐、型に入れてしっかりと水分を抜いたのが島豆腐です。

　これらの豆腐を〝アチコーコー〟で販売できるのは、沖縄の人たちの思いがあったからです。本土復帰した1972年、本土の食品衛生法の適用で豆腐を冷蔵しなければならなくなったのですが、それまでの食文化を守りたいという声を受けて特例として許可され、現在まで続いてきました。

　ほんのりと塩味がある沖縄の豆腐。ゆし豆腐はそのまま食べたり、スープにしたり、沖縄そばにかけたり……。一方、崩れにくく大豆の味が濃い島豆腐は、チャンプルーの具材やステーキにしていただくのが定番です。

ゆし豆腐

島豆腐

世界に広がる豆腐

中国で発祥した豆腐は東アジア各国や東南アジアへと広がり、今では欧米でも「TOFU」として知られるようになりました。

しっかりと味をつけて食べる中国

中国では、豆乳を絞ってから加熱する「生絞り製法」が伝統的です。やわらかい豆腐は嫩豆腐（ネンドウフ）、固い豆腐は老豆腐（ラオドウフ）と呼びますが、どちらも日本の豆腐より固め。広い中国大陸では、使用する凝固剤、豆腐の質感とも地域差があり、北方はにがりを使うため固く、南方はすまし粉を使うためやわらかくなる傾向があります。豆腐発祥の国だけあり、加工品の種類も豊富。油揚げ、厚揚げなどの他に、珍しいのは豆腐干絲（トウフカンス）、干し豆腐です。切り干し大根のような見た目で、水に戻して和え物や炒め物に使います。

料理は油、香辛料、漬物や乾物、発酵調味料を駆使し、豆腐にしっかり味をつけるのが特徴。あんを絡めてツヤを出し、豆腐のつるっとした食感を楽しむ料理も多数あります。

外で手軽にいただく台湾の豆腐料理

外食文化の中で、さまざまな豆腐料理が花開いているのが台湾。朝食の定番、鹹豆漿（シェントウジャン）は、豆乳に酢を加えてふわっと固まったところにザーサイなどをトッピング。もう一つの代表格は豆花(トウファ)。すまし粉で固めたやわらかな豆腐にシロップをかけ、煮豆や落花生、果物などをのせたスイーツで、最近は日本でも専門店ができていますね。

うま辛鍋料理が豊富な韓国

朝鮮半島では、7世紀の後半には中国から豆腐がもたらされたと言われています。伝統的な豆腐は中国同様ずっしりと固いものでしたが、今では絹ごし豆腐や寄せ豆腐も食べられています。韓国の代表的な豆腐料理は寄せ豆腐を使ったスンドゥブチゲ、温めた豆腐にキムチの炒め物を合わせるトゥブキムチ、卵を絡めて焼く豆腐のジョンなど。コチュジャンや唐辛子を駆使したうま辛料理が特徴的。変わったところでは、おからを使った鍋物「ピジチゲ」も食べられています。

東南アジアに広がる豆腐

豆腐は東アジアから東南アジアの各国へも伝わりました。すまし粉で固める豆腐の他、インドネシアやベトナムでは、酢と豆腐から分離した水分（ゆ）を混ぜたもので固める製法が残ります。ターメリックで黄色く色づけされた豆腐も見られます。調理法としてよく見かけるのは揚げ豆腐。また、フィリピンの道ばたでよく売られているタホをはじめ、豆花の流れを汲んだ豆腐スイーツは各国で食されています。大豆製品ではありませんが、ミャンマーの少数民族の豆腐と言えば、ヒヨコ豆を練り固めた「トーフ」が有名です。

欧米では、肉や乳製品の代用として広がる

欧米に豆腐が広がった背景には人々の健康意識、環境意識の変化があります。肉食中心から菜食中心へという流れの中で、肉や乳製品の代用として豆腐が注目されたのです。たとえば潰してハンバーグのように成型したり、クリーム状にしてソースやスイーツに使ったり。こうした調理法は、日本でも新しい豆腐の食べ方としても広がっています。

欧米で売られている充填豆腐

家常豆腐

家庭で楽しむ世界の豆腐料理

燉豆腐

中国、台湾、韓国、欧米でポピュラーな豆腐料理を紹介します。
手軽な材料で作れて、
世界旅行気分を味わえますよ。

中国

家常豆腐

（ジャーチャンドウフ）

揚げた豆腐に乾物などの具を合わせて、とろみをつけた料理。

中国の広い範囲で見られる家庭料理で、家庭ごとに具も味つけも異なり、バリエーション豊かです。

ここでは手軽に厚揚げを使っています。

〈2人分〉

厚揚げ……1枚
豚こま切れ肉……100g
乾燥きくらげ……5g
ピーマン……2個
たけのこ水煮……100g
しょうが……1片
ごま油……大1
A 顆粒鶏がらスープ……小1/2
水……100mℓ
酒（あれば紹興酒）……大2
オイスターソース……大1
しょうゆ……小1
砂糖……小1
水溶き片栗粉……片栗粉小1：水小1

1 豚肉は塩、こしょう（各少々・分量外）をふる。
2 厚揚げは1㎝厚さのひと口大に切る。
3 きくらげは水に浸して戻し、水気を切る。
4 ピーマンは乱切り、たけのこは穂先はくし形に切り、根元のほうはいちょう切りにする。
5 しょうがは細切りにする。
6 フライパンでごま油、**5**を熱し、香りが出てきたら**1**を加えて炒め、火が通ってきたら**2**、**3**、**4**を加えてさっと炒める。
7 **6**に**A**を加え、煮立ってきたら、水溶き片栗粉でとろみをつける。

燉豆腐（ドゥンドウフ）

豆腐と白菜を鍋でクックツ煮た料理。
汁ごと取り分けていただきます。
とろみのあるスープが
絹ごし豆腐にぴったり。

水切りレベル 2

※ペーパーで包み、電子レンジ（600W）で2分加熱する

〈2人分〉
絹ごし豆腐 …… 1丁
豚バラ薄切り肉 …… 100g
白菜 …… 150g
しょうが …… 1片
A 顆粒鶏がらスープ …… 小1
　水 …… 400mℓ
塩 …… 小1/2
水溶き片栗粉 …… 片栗粉小1：水小1
ごま油（またはラー油） …… 小1

1 豆腐は食べやすい大きさに切る。
2 豚肉は2㎝幅に切る、白菜は食べやすい大きさにざく切りにする。しょうがは細切りにする。
3 鍋で**A**を温め、**2**を加える。中火で5分ほど、白菜がやわらかくなるまで煮たら、**1**を加え、塩で味をととのえる。
4 水溶き片栗粉を加えてとろみをつける。
5 **4**を器に盛り、ごま油を回し入れる。

臭いけどおいしい豆腐の発酵食品

中国には豆腐と〝発酵〟を掛け合わせた食文化があります。その代表が「腐乳（フールー）」です。豆腐を香辛料で味つけし、麹やカビをつけて発酵させています。チーズのような食感で独特のにおいがあり、お粥に添えたり調味料として利用します。中国各地で、さまざまな腐乳がつくられています。

また、豆腐を発酵液に漬けた臭豆腐（チョウドウフ）は、中国をはじめ、台湾、香港などの屋台で軽食として知られ、揚げてタレをかけるのがポピュラー。数メートル先からでも識別できるほど強烈なにおいを放ちます！　ちなみに日本では豆腐の発酵食品は浸透しませんでしたが、唯一、琉球王朝時代に中国と交流があった沖縄には、島豆腐を米麹、紅麹、泡盛で発酵・熟成させた豆腐ようが残っています。

台湾

鹹豆漿（シェントウジャン）

台湾の朝食の定番で、豆乳を酢で凝固させた、ほろほろ食感の豆腐。塩気のある乾物や漬物をのせていただきます。お好みで揚げパンや油ふを添えてどうぞ。

〈2人分〉
- 無調整豆乳 …… 500㎖
- 酢 …… 小4
- 塩 …… 小1/3
- 乾燥桜えび …… 5g
- 味つけザーサイ …… 20g
- パクチー …… 10g（約10本）
- ピータン（お好みであれば）…… 1個

1 豆乳を鍋で温める。沸騰しないくらい（80℃くらい）になったら火を止め、酢を加えて混ぜる。豆乳がほろほろになったら塩を加えて混ぜ、器に盛りつける。

2 **1**に桜えび、刻んだザーサイ、パクチーをのせる。

豆花（トウファ）

台湾の人気豆腐スイーツ。トッピングは豆やフルーツ、いもなどが定番です。冷たくしても、温かくしてもおいしい。寄せ豆腐のほか、やわらかめの充填豆腐でもおいしく作れます。

〈2人分〉
- 寄せ豆腐 …… 1パック
- **A** 黒砂糖 …… 大2
- 　 水 …… 大2
- 乾燥クコの実 …… 5g
- 黒豆の甘煮 …… 50g
- きな粉 …… 小2

1 **A**を鍋で合わせて温め、少しとろみがつくまで30秒ほど煮詰める。

2 クコの実は水で戻してやわらかくし、水気を切る。

3 寄せ豆腐は軽く水気を切って器に盛り、**2**、黒豆をのせ、**1**、きな粉をかける。

韓国

スンドゥブチゲ

なめらかな豆腐を
うまみたっぷりのピリ辛スープと一緒に
つるりといただきます。
卵のコクと淡白な豆腐の相性も抜群です。

〈2人分〉

寄せ豆腐……1パック
にら……50g
長ねぎ……1/2本
しょうが……1片
ごま油……大1
赤唐辛子小口切り……ひとつまみ
キムチ……100g
牛切り落とし肉……100g
あさり（砂出し済）……150g

A
- 顆粒鶏がらスープ……小1
- 水……800㎖

B
- コチュジャン……大1と1/2
- しょうゆ……大1/2
- 砂糖……大1/2
- 塩……少々

卵……2個
糸唐辛子……適量

1 にらは3㎝幅に切る。長ねぎは縦半分に切って斜め切りにする。しょうがは細切りにする。

2 鍋でごま油を熱し、しょうが、赤唐辛子、キムチ、牛肉を炒める。

3 牛肉に火が通ってきたらにら、長ねぎ、あさり、**A**を加える。

4 煮立ったら**B**を加えて味つけし、水気を軽く切った寄せ豆腐を加える。中火で3分ほど煮たら、卵を割り落とし、糸唐辛子をのせる。

韓国

トゥブチョリム

韓国版のすき焼きのような鍋料理で、
具はさまざま。
宮廷料理では焼いた豆腐に
ひき肉のそぼろを挟むなど、
手の込んだものが見られます。
甘辛い味つけは
ごはんのおかずにもぴったり。

水切りレベル 3

※1・5〜2㎝厚さに切り、ペーパーで挟んで20分ほどおく

〈2人分〉
木綿豆腐……1丁
玉ねぎ……1/2個
にんにく……1片
ごま油……大1
A 顆粒鶏がらスープ……小1/2
水……200㎖
しょうゆ……大1と1/2
オイスターソース……小1
砂糖……小2
一味唐辛子……小1/4
白すりごま……大1

1 玉ねぎは薄切り、にんにくは細切りにする。

2 フライパンにごま油を強火で熱し、豆腐を焼く。両面をこんがりと焼いたら**1**、**A**を加えて落とし蓋をし、弱火で5〜10分煮含める。

3 仕上げにごまをふる。

欧米

ベイクド豆腐

表面はパリッ、中はぎっしりの新食感。
そのままつまんだり、肉の代わりとして
いろいろな料理のトッピングにも。
ここではアレンジ料理に使いやすいように、
シンプルなレシピを紹介します。

水切りレベル 4

〈作りやすい分量〉
木綿豆腐……1丁
塩……小1/2

1 豆腐は2㎝の角切りにし、塩をふる。
2 オーブンシートを敷いた天板に**1**を広げ、180℃に予熱をしておいたオーブンで30分焼く。

アレンジ

ピーナッツソースのサラダ

カレーの風味がきいた、まろやかなソース。
パクチーとライムでエスニックな一品に。

〈2人分〉
ベイクド豆腐……2/3丁分
A ピーナッツバター……大1
レモンの絞り汁……大1/2
はちみつ……大1/2
カレー粉……小1/4
マヨネーズ……大1/2
水……大1/2
塩、こしょう……各少々
サニーレタス……150g
パクチー……10g（約10本）
ライム……1/4個

1 **A**をよく混ぜ合わせる。
2 サニーレタスは手でちぎり、パクチーはざく切りにし、冷水にさらしてシャキッとさせてから、水気をしっかりと切る。
3 ベイクド豆腐と**2**を器に盛り、**1**、ライムを添える。

アレンジ

スパイス豆腐ライス

ベイクド豆腐と野菜をトッピングした、
サラダ感覚で食べられるライスボウル。

〈2人分〉
ベイクド豆腐……2/3丁分
ミニトマト……12個
マッシュルーム……100g
にんにく……1片
オリーブ油……大1
クミンシード……小1/2
塩、こしょう……各少々
温かいごはん（あればインディカ米）……茶碗2杯分
イタリアンパセリ……適量

1 ミニトマト、マッシュルームは半分に切る。
2 にんにくはみじん切りにする。
3 フライパンでオリーブ油、**2**、クミンシードを中火で熱し、香りが出てきたら**1**を加えて炒め合わせ、塩、こしょうをふる。さらにベイクド豆腐を加えてさっと炒め合わせる。
4 器にごはんを盛り、**3**をのせ、粗みじん切りにしたイタリアンパセリを散らす。

豆腐豚カレー

コクのある豚バラ肉と豆腐が互いを引き立て合います。

水切りレベル 4

〈2人分〉
木綿豆腐……1丁
豚バラ薄切り肉……100g
しめじ……100g
玉ねぎ……1/4個
しょうが……1片
にんにく……1片
サラダ油……小2
水……400㎖
カレールウ……2皿分
温かいごはん……茶碗2杯分

1 豆腐は食べやすくちぎる。
2 豚肉は2㎝幅に切り、しめじはほぐす。
3 玉ねぎ、しょうが、にんにくはみじん切りにする。
4 フライパンでサラダ油を中火で熱し**3**を炒める。玉ねぎがしんなりしてきたら、**2**を加えて炒め合わせる。
5 さらに**1**を加えてさっと混ぜ、水を加え、煮立ったら3分ほど煮る。
6 カレールウを刻み、**5**の火を一旦止めて、ルウを加えて溶かす。
7 再び温めてから、ごはんを添えて盛りつける。

豆腐ドライカレー

肉を使わない、さっぱりとしたドライカレーです。

水切りレベル 4

〈2人分〉
木綿豆腐……1丁
玉ねぎ……1/2個
しょうが……1片
にんにく……1片
オリーブ油……大1
クルミ（粗めに砕く）……30g

A
顆粒コンソメ……小1/2
カレー粉……大1と1/2
トマトケチャップ……大1
中濃ソース……大1/2
塩……小1/3
こしょう……少々
しょうゆ……小1/2

温かいごはん……茶碗2杯分
パセリのみじん切り……適量

1 豆腐は手で細かく崩す。
2 玉ねぎ、しょうが、にんにくはみじん切りにする。
3 フライパンにオリーブ油を中火で熱し、**2**を炒める。玉ねぎがしんなりしてきたら、**1**、クルミを加えて炒め合わせ、**A**で味をととのえる。ごはんを添えて盛りつけ、パセリをかける。

第2章

豆腐の料理

水切り

豆腐料理の味を左右する水切り。本書では水切り度合いを4段階で表記しています。このページでは、豆腐を丸ごと水切りする方法と、カットしてから水切りする方法も紹介します。レベル2や3は、豆腐はカットしてからペーパーにのせるほうが短時間で水が切れ、重しも必要ありません。作る料理やお好みで使い分けてください。

水切りレベル 1

内部は脱水していないみずみずしい状態

水切りレベル 2

軽く脱水しているが、ふわりとした状態

水切りレベル 3

比較的水気が切れて、豆腐がやや薄くなってきた状態

水切りレベル 4

だいぶ水気が切れ、重しで側面が張り出した状態

豆腐をパックから取り出してペーパーで包んで表面の水気を吸い取る程度。

◎向いている料理
冷奴や湯豆腐、鍋物など、豆腐の風味やフレッシュ感を味わいたい料理

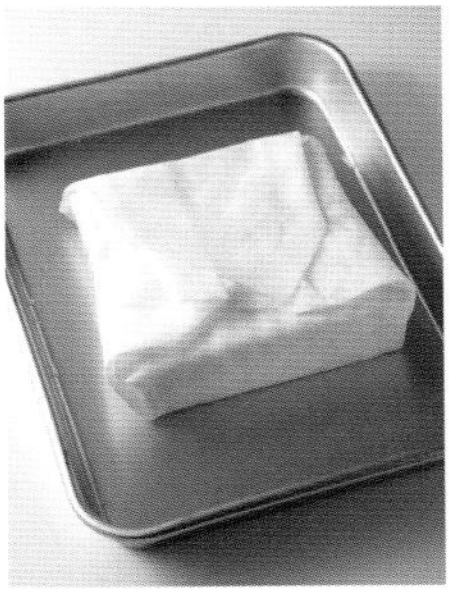

豆腐をペーパー数枚で包み10〜15分置いておく。または切った豆腐をペーパーにのせて5〜10分置いておく。ペーパーで包み、電子レンジ（600W）で2分加熱してもいい。

◎向いている料理
豆腐サラダ、揚げだし豆腐など、豆腐のふんわり感を楽しみたい料理

豆腐をペーパー数枚で包み、重しをして20〜30分置いて水気を切る。重しは豆腐1丁（360g）で1kgほど。バットをのせて皿やペットボトル、水を入れた保存容器などをのせてもいい。または切った豆腐をペーパーで挟み、15〜30分置いておく。沸騰したお湯で3分ほどゆでてもいい。

◎向いている料理
白和えや炒り豆腐、麻婆豆腐、肉豆腐など、豆腐に味をしみ込ませたり、味つけを際立たせたい料理

豆腐をペーパー数枚で包み、重しをして1時間ほど置いて水気を切る。

◎向いている料理
チャンプルーなどの炒め物、豆腐ハンバーグ、田楽など、水気が多いと扱いが難しかったり、味がぼんやりしてしまう料理

●電子レンジを使うときは…豆腐の中の水分が振動することによって破裂する場合があるので、加熱のし過ぎに気をつけてください。

切る

豆腐1丁を切るときは、
まな板の上に置いて切りましょう。
さいの目に切るときは、
先に均等の厚みに切るとスムーズです。

豆腐の量が片手にのり、
切ってすぐに鍋に入れるときは
手にのせて切るほうがラク。
切り方はまな板の上と同じです。

手の上で豆腐を切るときは、包丁を前後に動かさないように。手が切れて危険です。

崩す

豆腐は切らずに崩すと表面積が増え、
煮物などで味しみがよくなったり、
あんが絡みやすくなったりします。
崩す大きさは料理に応じて変わります。
肉だねなどに混ぜるときも、
ある程度崩しておいたほうが合わせやすいです。

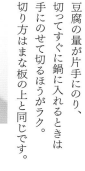

素の豆腐を味わう

冷奴

豆腐は温度で味わいが変わる

冷奴は、ひんやりとして心地よい口当たりが魅力。ですが、実はあまりに豆腐が冷たいと、口の中で甘み、うまみを感知しづらいことをご存じでしょうか。これは科学的にも研究されていて、甘み、うまみは、30℃付近が舌で感知しやすいと言われています。

　大豆の持つ甘み、うまみをより味わいたい人は、冷蔵庫から出して20分くらい室温にならして（17℃から19℃程度）、ペーパーで豆腐から出た水分を軽く拭き取ったら、何もつけずに食べてみてください。手に入れば、大豆の個性が豊かに表れている希少大豆の豆腐で試してみると、風味がより際立ちおすすめです。食べ慣れている豆腐でも、今までと違う味に感じられるでしょう。まずは豆腐だけで味わってみて、それから「塩にしようか？」「醤油が合いそう」など考えてみるのもいいですね。

　風味豊かな豆腐であれば、塩やオリーブ油でシンプルに味わいを引き立たせたり、淡白で噛み応えのある豆腐であれば、塩辛など少量でも味にインパクトのある素材との相性を試してみても。夏はネバネバ系の具で食べやすくしたり、秋冬は豆腐を軽く温めてみたり。季節に合わせても楽しんでみてください。

冷奴を楽しむのっけレシピ
豆腐は木綿でも絹でもお好みで

水切りレベル 1

マスタードがはじけるピリ辛味

マスタード奴

豆腐……1/2丁
サラダ玉ねぎ……1/4個
A 粒マスタード……小1
　しょうゆ……小2
かつお削り節……2g

1 豆腐は半分に切って器に盛る。玉ねぎはスライスする。**A**は合わせる。
2 豆腐に玉ねぎ、かつお節をのせ、**A**をかける。

バーニャカウダのような味

アンチョビ奴

豆腐……1/2丁
アンチョビ……10g（約3枚）
A オリーブ油……大1
　おろしにんにく……1/2片分
　こしょう……少々
お好みでレモン……適量

1 アンチョビを刻んで小鍋に入れ、**A**を加えて30秒ほど中火にかけ、少し温める。
2 豆腐を半分に切って器に盛り、**1**をかけ、お好みでレモンを絞っていただく。

トマトと
オリーブ油で
イタリア風

トマトマリネ奴

豆腐……………………1/2丁
ミニトマト……………10個
A パセリのみじん切り……小1
　オリーブ油…………小2
　塩……………………小1/3
　こしょう、しょうゆ……各少々

1 ミニトマトを4等分に切り、**A**で和える。
2 豆腐を半分に切って器に盛り、**1**をかける。

たぬき奴

豆腐……………………1/2丁
小ねぎの小口切り……小2
揚げ玉…………………大2
麺つゆ（3倍濃縮）……小2

1 豆腐を半分に切り、器に盛る。
2 **1**に小ねぎ、揚げ玉をのせ、麺つゆをかける。

揚げ玉の
コクが
うれしい

エスニック奴

豆腐……………………1/2丁
A マヨネーズ…………大1
　おろしにんにく……1/2片
　ナンプラー…………小2
　はちみつ……………小1
　レモンの絞り汁……小1
パクチー………………10g（約10本）
乾燥桜えび……………ひとつかみ

1 豆腐を半分に切って器に盛る。**A**は合わせる。パクチーは刻む。
2 豆腐に桜えび、パクチーをのせ、**A**をかける。

マヨネーズで
マイルドに

素の豆腐を味わう 湯豆腐

豆腐は火の通し方で食感が変わる

湯豆腐は、豆腐をおいしく感じられる温度に「温める」料理です。豆腐を温めると、甘み、うまみだけでなく、豆の香りも引き出されます。ですが、加熱し過ぎると凝固剤の成分でタンパク質が固くなり、水分も抜けてしまうため、グツグツ「煮る」のはご法度。では、ふわふわ、プルッとした豆腐の食感を楽しむにはどうしたらよいのでしょうか。

理想は、外側は少し熱く、火傷をせずにハフハフと食べられて、中心は落ち着いて味わえ、豆腐の甘みも感じられるくらいの温度。ある実験では、このときの豆腐の外側は70℃、中心は50℃くらいだそうです。

この温度の湯豆腐は、土鍋などの保温性の高い鍋があれば簡単に作れます。まず、鍋にだし汁（または水）を入れ、沸騰させます。豆腐はやや大きめ（1丁を4～6等分）に切りましょう。火を止めて鍋に豆腐を入れ、蓋をして待つこと5分。これで最高の食感の湯豆腐が楽しめます。お好みの薬味やタレでどうぞ。卓上で鍋をコンロにかけながら食べるときも、煮えないように弱めの火加減をキープしましょう。

タレが変われば おいしさも 変わる

水切りレベル 1

1 お好みの豆腐を4等分に切る。

2 鍋に水を入れ（豆腐が浸かる程度の分量）、ぬれ布巾で拭いた昆布を加えてやわらかくなるまで10分ほど浸しておく。

3 **1**を**2**にそっと入れて中火にかける。沸いてきたら昆布を取り除き、アクが出ていれば取り除き、煮立たないように火を弱める。お好みのタレでいただく。

手作りポン酢しょうゆ

〈作りやすい分量〉
- 柚子などの柑橘果汁……大3
- 酢……大1
- しょうゆ……大5
- 昆布……3cm1枚
- かつお削り節……3g
- みりん（小鍋でひと煮立ちさせる）……大2

1 すべての材料を小瓶など蓋つきの容器に合わせて冷蔵庫で1週間ほど漬けておいてから、漉す。

2 **1**の適量を取り分けた湯豆腐にかける。

※ 残ったポン酢しょうゆは冷蔵庫で半年ほど保存できます。

ごまダレ

〈2人分〉
- 練りごま……大1
- 白すりごま……小1/2
- しょうゆ……大1/2
- みりん……小1/2
- 砂糖……小1/2
- おろしにんにく……1/2片分
- おろししょうが……1/2片分
- 酢……小1
- ラー油……小1/2
- 湯豆腐の湯……大1

1 すべての材料を混ぜ合わせ、取り分けた湯豆腐にかける。

エスニックにらタレ

〈2人分〉
- にら……20g
- ナンプラー……大1
- 酢……大1
- 砂糖……小1
- ごま油……小1
- 赤唐辛子小口り……ひとつまみ
- 白炒りごま……小1/2

1 にらは小口切りにし、その他の材料と混ぜ合わせ、取り分けた湯豆腐にかける。

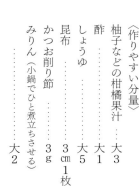

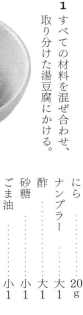

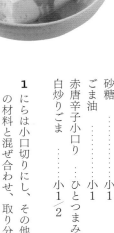

昔の知恵を楽しむ

高津湯豆腐

豆腐百珍に掲載されている料理のひとつ。
あんをかけて湯豆腐の温かさをキープします。
豆腐に辛子の組み合わせも特徴的。

水切りレベル 1

〈2人分〉
湯豆腐……1/2丁程度
A だし汁……100㎖
しょうゆ……小2
みりん……小1
片栗粉……小2
練り辛子……適量

1 鍋に**A**を入れて混ぜ合わせながら中火にかけ、とろみがつくまで温める。

2 器に湯豆腐を取り、**1**をかけ、練り辛子を添える。

水切りレベル

1

地域の味を楽しむ

温泉湯豆腐

もともと佐賀県嬉野温泉の名物料理で、温泉水で煮る湯豆腐です。
アルカリ性の温泉水に豆腐の凝固剤が反応し、豆乳に戻るようにとろけてきます。
その仕組みを家庭では重曹で再現。
煮汁で〆の雑炊もおいしい。

〈2〜4人分〉

豆腐（木綿、絹はお好みで）……1丁
水……適量
重曹（水1ℓに対して重曹小1が目安）……適量
薬味（長ねぎの小口切り、おろししょうが、かつお削り節）……適量
しょうゆ……適量

1 豆腐は4等分に切る。

2 鍋に水（豆腐が浸かる程度の分量）、重曹を入れる。豆腐をそっと入れて中火にかけ、沸いてきてから10分ほど煮る。

3 角が溶けてきたら取り分け、薬味をのせ、しょうゆをかけていただく。

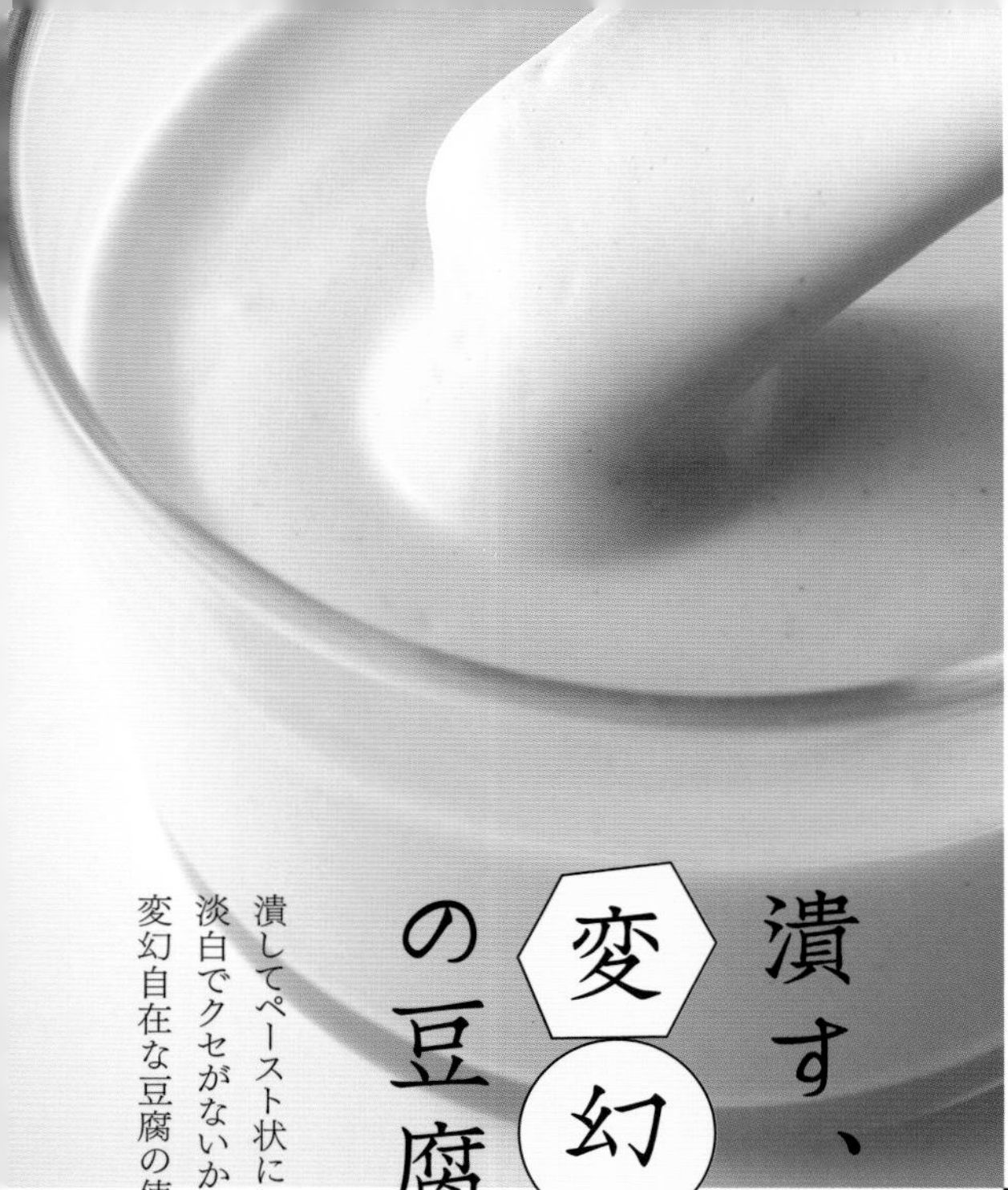

【潰す】

「潰す」と言っても粗く潰すのと、なめらかに潰すのではまったく違うものに。手やすり鉢ですり潰せば、粘りのあるペースト状になります。つなぎとして肉だねに混ぜ込むときは、手で潰しながら他の材料とよくなじませましょう。さらに、ハンディブレンダーやフードプロセッサーで撹拌すればなめらかでとろとろになり、生クリームやベシャメルソースの感覚で使えます。

潰す、漬ける 変幻自在の豆腐レシピ

潰してペースト状にしたり、調味料に漬けて別の味にしたり。
淡白でクセがないからこそできる、
変幻自在な豆腐の使いこなしアイデアを紹介します。

【漬ける】

どんな調味料でも受け入れる豆腐。シンプルな塩から、発酵調味料のみそ、イタリアンテイストのオリーブ油まで。その風味をいかせば、手軽&時短な調理にも役立ちます。さらに「潰す」テクニックを組み合わせれば、料理のレパートリーは無限大。素の豆腐を味わうのもいいですが、いかようにも変化できる豆腐の魅力もぜひ楽しんでください。

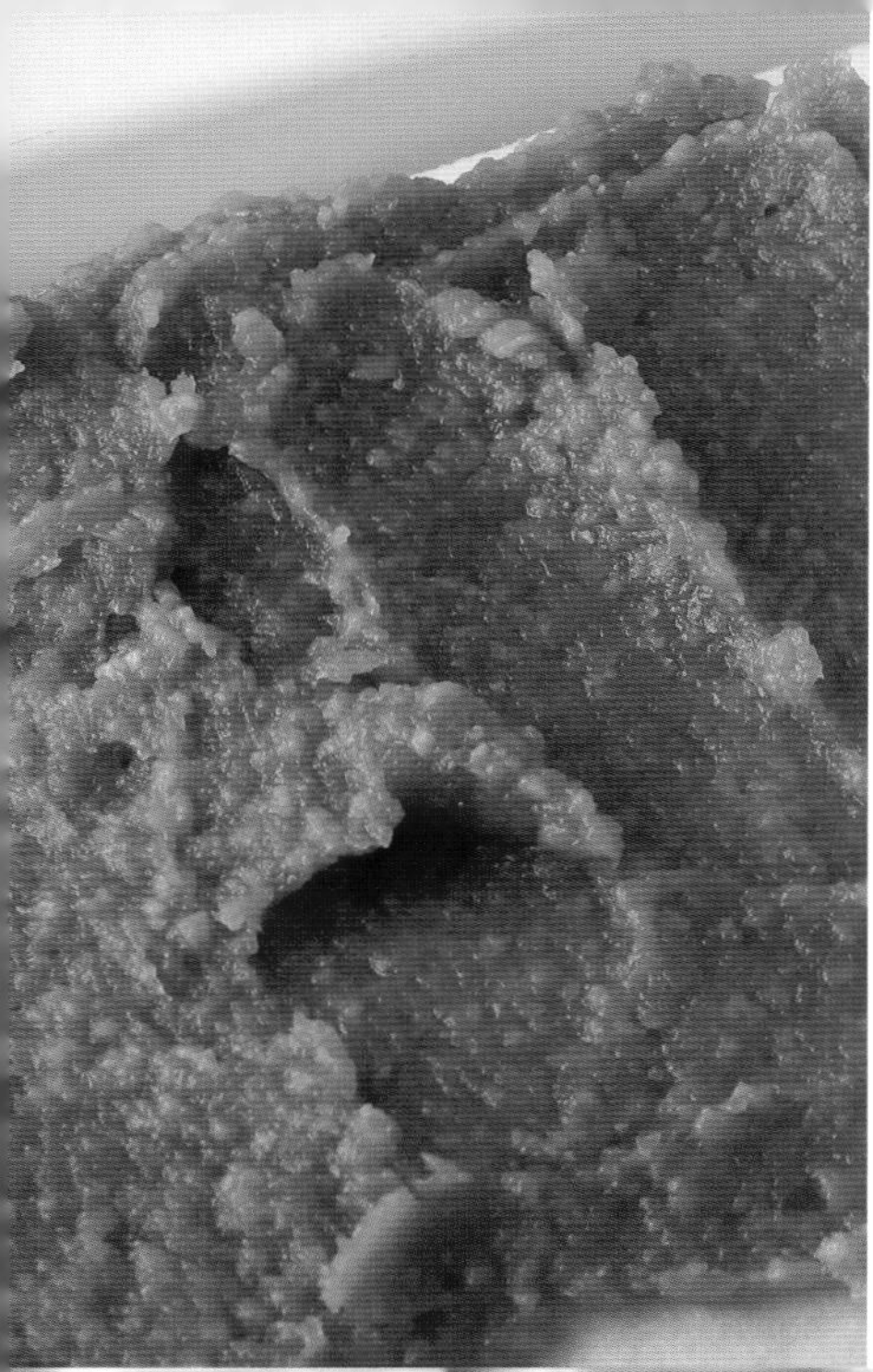

潰す

手で潰した粘りのある豆腐から、ブレンダーで撹拌したなめらかな豆腐まで。同じレシピでも潰し方が変われば食感も変わるので、ぜひいろいろ試してみてください。

すり鉢または手で潰す

よく潰すと、粘りが出てきます。すり鉢のほうがより細かく潰せますが、なければ手でOKです。

ブレンダーまたはフードプロセッサーで撹拌する

とろとろなめらかなクリーム状に。空気を含んだようなふわっとした食感も生まれます。

豆腐マヨネーズ

水切りレベル 1

材料を混ぜるだけの手軽さ。お好みの野菜に添えてどうぞ。

絹ごし豆腐……100g
マスタード……小2
酢……大2
塩……小1/2
オリーブ油……大2

1 豆腐は水気を軽く切り、ブレンダーでその他の材料とよく混ぜ合わせる。
2 **1**を蒸したじゃがいもやアスパラガス（分量外）に添えていただく。
※お好みでアンチョビやおろしにんにくを加えればさらにコクのあるソースに。

豆腐クリームソースのパスタ

クリームを加えたらさっと混ぜて、なめらかに仕上げます。

〈2人分〉
絹ごし豆腐……200g
A 牛乳……100mℓ
　粉チーズ……小2
　塩……小1/3
　こしょう……少々
ベーコン……3枚
ほうれん草……100g
スパゲッティ……160g
オリーブ油……大1

1 豆腐は**A**と合わせてブレンダーでなめらかにする。

2 ベーコンは1.5cm幅に切る。ほうれん草は熱湯で1分ほどゆで、冷水にとってから、水気を絞りざく切りにする。

3 スパゲッティは表示通りにゆで、ザルにあげて水気を切る。

4 フライパンにオリーブ油、ベーコンを入れて中火で熱し、ベーコンから脂が出てきたらほうれん草、**3**、**1**を順に加えながら混ぜ合わせる。

水切りレベル
1

ハンバーグ

肉と豆腐を同量ずつ混ぜて、
ボリュームたっぷりに。
粒マスタードの酸味で
さっぱりと食べられます。

水切りレベル
4

〈2人分〉
木綿豆腐……150g
玉ねぎ……1/4個
合びき肉……150g
溶き卵……20g
パン粉……大3
塩……小1/4
こしょう……少々
サラダ油……小2
A トマトジュース……150mℓ
トマトケチャップ……大1
中濃ソース……小2
粒マスタード……小2
クレソン……適量

1 玉ねぎはみじん切りにする。
2 ひき肉をボウルに入れてよく練ったら、豆腐、**1**、溶き卵、パン粉、塩、こしょうを加えてさらによく練り合わせ、丸める。
3 フライパンにサラダ油を中火で熱し、**2**を焼く。3分ほどかけてこんがり焼けたら裏返し、さらに3分ほど焼く。
4 **3**に**A**を加え5分ほど煮る。
5 **4**を器に盛り、クレソンを添える。

豆腐ポタージュ

みそのうまみが隠し味。
おだやかな味を粗挽き黒こしょうで引き締めます。

水切りレベル 1

〈2人分〉
A 絹ごし豆腐 …… 200g
水 …… 200㎖
顆粒コンソメ …… 小1
塩 …… 小1/4
みそ …… 小1/2
粗びき黒こしょう …… 少々
オリーブ油 …… 小2

1 **A**の材料をミキサーで混ぜ合わせる。
2 **1**を鍋で中火〜強火で温め、器に注ぎ、粗びき黒こしょう、オリーブ油をふる。
※お好みでクミンパウダーをふってもおいしい。

がんもどき

揚げ立ての手作りがんもどきは格別のおいしさ。
具は彩り、うまみ、食感のあるものを、
自由に組み合わせて楽しみましょう。

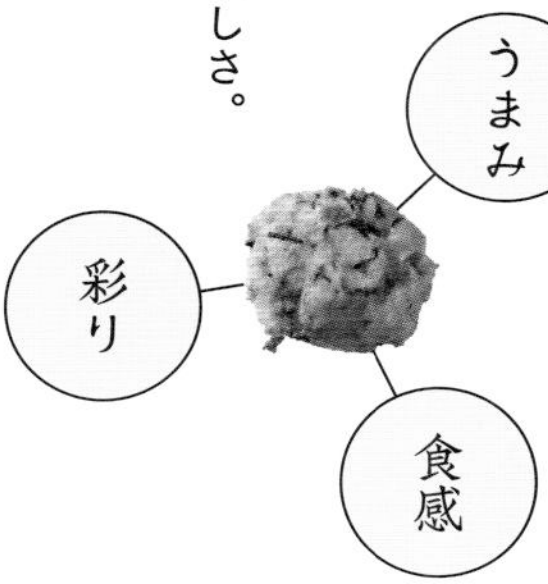

水切りレベル 4

〈きほんの材料〉

木綿豆腐……1丁
A 片栗粉……大2
溶き卵……大1
砂糖……小1
塩……小1/2
お好みの具材（下記参照）……記載の量
揚げ油……適量

1 豆腐をすり鉢（またはフードプロセッサー）でなめらかにし、**A**を加えて混ぜ合わせる[a]。

2 揚げ油は150〜160℃に熱する。

3 **1**をスプーンで適量をすくって丸く形をととのえ、すべらせるように油に入れて5分ほど揚げる（多めの油で揚げ焼きにしてもOK）。

a

豆腐屋さんでは、つなぎに山いもが使われる場合が多数。家庭でも山いものすりおろしをつなぎに使ってみても。

おすすめの具

【材料】乾燥芽ひじき3g／ごぼう30g／にんじん30g【作り方】芽ひじきは水で戻して絞り、粗めに刻む。ごぼう、にんじんは5㎜角に切る。

【材料】桜えび10g／ピーマン1個／大根30g【作り方】桜えびは粗めに刻み、ピーマン、大根は5㎜角に切る。

【材料】れんこん50g／塩昆布8g／絹さや20g（約10枚）【作り方】れんこん、絹さやは5㎜角に切り、塩昆布は粗めに刻む。

【材料】ツナ缶小1缶／コーン30g／豆苗30g【作り方】ツナ、コーンはしっかりと水気を切り、豆苗は5㎜幅に切る。

【材料】ドライトマトのオイル漬け20g／ピザ用チーズ30g／パセリ5g【作り方】ドライトマトは5㎜角に切る。パセリはみじん切りにする。

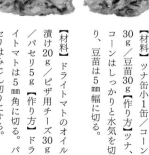

塩漬け豆腐

豆腐の水分が出て、塩分が内側に入り、弾力が増します。クセがないのでさまざまな料理に使えます。

水切りレベル 4

〈作りやすい分量〉
絹ごし豆腐……1丁
塩……小1

1 絹ごし豆腐に塩をまぶす。
2 **1**をペーパーで包んで保存容器に入れ、冷蔵庫でひと晩おく。

1

2

薬味サラダ

塩味のきいた豆腐に薬味を和えるだけの手軽さ！

〈2人分〉
塩漬け豆腐……1丁分
かいわれ大根……20g
青しそ……5枚
きゅうり……1/2本
長ねぎ……10g
A ごま油……小2
酢……小1
こしょう……少々
刻み海苔……適量

1 かいわれ大根は根を切り落とし、青しそは細切りに、きゅうりはせん切りに、長ねぎは白髪ねぎにする。ボウルに合わせる。
2 **1**に崩した塩漬け豆腐を加え、**A**を加えてさっくりと和える。
3 **2**を器に盛り、刻み海苔を散らす。

白和え

材料の少ないお手軽メニュー。
旬の野菜や果実でお試しを。

〈2人分〉
塩漬け豆腐……1/3丁分
A
- 白すりごま……大1と1/2
- 砂糖……小1
- しょうゆ……少々

ほうれん草……200g

1 塩漬け豆腐に**A**を加えてなめらかにのばす。

2 ほうれん草は塩少々（分量外）を加えた熱湯で1分ほどゆで、冷水にとって水気を絞り、ざく切りにする。

3 **2**を**1**で和える。

揚げパン

塩漬け豆腐とえび、薬味を混ぜて
タイ風揚げパンに。

〈2人分〉
塩漬け豆腐……1/3丁分
むきえび……100g
長ねぎ……20g
しょうが……1片
サンドイッチ用パン……6枚
揚げ油……適量
スイートチリソース……適量

1 むきえびは背ワタを取り除いて5㎜幅に刻む。長ねぎ、しょうがはみじん切りにする。
2 塩漬け豆腐をボウルに入れ、**1**を加えて練り合わせる。
3 パンに**2**をのせてくるくると巻き、端を爪楊枝で3か所くらいとめる。
4 170℃に熱した揚げ油できつね色になるまで、カラッと揚げる。
5 **4**を器に盛り、スイートチリソースを添える。

春巻き

とろとろの豆腐に、はりはりのにんじん。
食感の対比が楽しめます。

〈2人分〉
塩漬け豆腐……1/2丁分
にんじん……1本（150g）
春巻きの皮……6枚
揚げ油……適量

1 にんじんはスライサーで細切りにする（スライサーがなければ包丁で細切りにする）。塩もみしてしんなりさせて水気を絞る。
2 **1**、潰した塩漬け豆腐を混ぜ合わせ、6等分に分けて春巻きの皮で包み、端を水溶き小麦粉（分量外・水小2＋小麦粉小2）でとめる。
3 170℃に熱した揚げ油できつね色になるまで、カラッと揚げる。

みそ漬け豆腐

漬けるほどに中までみその味がしみ、コクのある豆腐に。豆腐だけでなく、漬けたみそも調味料として無駄なく使えます。

水切りレベル 4

〈作りやすい分量〉

木綿豆腐……1丁
お好みのみそ……大4

1 保存容器の底にみそ大2を塗り広げる。
2 ペーパー、豆腐をのせる。
3 さらにペーパーをのせてみそ（大2）を塗り広げる。
4 ラップをぴちっとかぶせて、冷蔵庫で1日以上漬ける。

1

2

3

4

みそ豆腐丼

ごはんにのせるだけの**ボリューム丼！**

〈2人分〉

みそ漬け豆腐……1丁分
温かいごはん……茶碗2杯分
卵黄……2個
小ねぎの小口切り、刻み海苔……各適量

1 みそ漬け豆腐を耐熱皿にのせ、ラップをかけて電子レンジで温める（600Wで2分）。
2 茶碗にごはんを盛り、**1**を崩してのせる。卵黄、小ねぎ、刻み海苔をのせる。お好みでみそ漬けのみそを小さじ1ずつ程度添える。

ピーマンとみそ漬け豆腐の炒めもの

調味料はみそ漬けのみそのみ。豆腐は中まで味がしみているので、ごはんによく合うしっかり味のおかずです。

〈2人分〉
- みそ漬け豆腐……1/2丁分
- みそ漬けのみそ……小2
- ごま油……小2
- 豚ひき肉……100g
- ピーマン……4個

1 フライパンにごま油を中火で熱し、ひき肉を炒め、みそ漬けのみそを加える。

2 **1**に火が通ってきたら、手で崩したみそ漬け豆腐、ヘタと種を取りちぎったピーマンを加えてさっと炒め合わせる。

みそ豆腐つくね

みそ漬け豆腐を、つなぎと味つけの両方に使用。しその香りでさっぱりといただきます。

〈2人分〉
- みそ漬け豆腐……1/2丁分
- みそ漬けのみそ……小2
- 鶏ひき肉……150g
- 長ねぎのみじん切り……1/4本分
- 片栗粉……大1
- 青しそ……6枚
- ごま油……小2

1 みそ漬け豆腐を崩してボウルに入れ、青しそとごま油以外の材料を加えて練り合わせる。

2 **1**を6等分して丸め、青しそを貼りつける。

3 フライパンにごま油を中火で熱し、**2**の両面を2分ずつ焼き、蓋をして弱火にし、2分ほど焼いて中まで火を通す。

みそ豆腐グラタン

具はみそ漬け豆腐と、みそと相性のよいさけ。ボリューム満点の和風グラタンです。

〈2人分〉
みそ漬け豆腐……1/2丁分
長ねぎ……1本
しめじ……100g
バター……20g
さけ水煮缶……大1缶（180g）
ピザ用チーズ……30g

1 長ねぎは縦半分に切ってから、斜め切りにする。しめじはほぐす。
2 豆腐は潰し、さけ缶の汁と合わせてなめらかにのばす。
3 フライパンにバターを中火で熱し、**1**を炒める。しんなりしてきたらさけを加えて炒め合わせる。
4 **3**に**2**を加えてさっと混ぜ合わせたら、耐熱皿に盛り、チーズを散らす。
5 **4**をオーブントースターで焼き色がつくまで3〜5分ほど焼く。

みそ豆腐メンチカツ

みそ漬け豆腐を混ぜ込んだタネは
食べ応えがあり、そのままでパクパク食べられます。

〈2人分〉
豆腐のみそ漬け……1/2丁分
合びき肉……150g
玉ねぎ……1/4個
溶き卵……1個分
みそ漬けのみそ……大1
こしょう……少々
小麦粉……大3
パン粉……大6
揚げ油……適量
せん切りキャベツ……適量
練り辛子……適量

1 ひき肉をよく練ってから、みそ漬け豆腐、みじん切りにした玉ねぎ、溶き卵（大1）、みそ漬けのみそ、こしょうを加えて練り合わせる（残った溶き卵は**2**の衣に使う）。

2 **1**を丸め、小麦粉、水大2（分量外）を加えた溶き卵、パン粉の順に衣をまぶす。

3 160℃くらいの低めの温度に熱した揚げ油に**2**を入れ、じわじわ温度を上げながら5分ほどかけてカラッと揚げる。

4 器にキャベツ、**3**を盛り、練り辛子を添える。

オイル漬け豆腐

オリーブ油が表面になじみ、
なめらかな舌触りに。
塩も一緒に漬けるので、
そのままおつまみとしても美味。

水切りレベル 4

〈作りやすい分量〉
木綿豆腐……1丁
塩……小1と1/2
赤唐辛子……1本
オリーブ油……150mℓ

1 豆腐を1～1.5㎝の角切りにし、清潔な保存容器に入れて、塩、種を取り除いた赤唐辛子、オリーブ油を加える[a]。

2 **1**にラップや蓋をして冷蔵庫でひと晩～ふた晩置くと食べ頃[b]（その間、塩がまんべんなくいきわたるようにヘラなどで時々上下を返す）。

a

b

カプレーゼ風サラダ

モッツァレラチーズがなくてもできる！

〈2人分〉
オイル漬け豆腐……1/4丁分
トマト……小さめ3個
粗びき黒こしょう……適量
バジル……3枚

1 トマトは1㎝厚さの輪切りにして器に盛り、オイル漬け豆腐をのせ、こしょうをふり、ちぎったバジルを散らす。

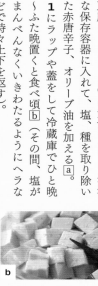

サラダのトッピングに

オイル漬け豆腐が調味料代わりに。

〈2人分〉
オイル漬け豆腐……1/2丁分
グリーンリーフ……80g（2枚程度）
赤パプリカ……1/4個
きゅうり……1/2個
粗びき黒こしょう……適量
レモンの絞り汁……大1

1 グリーンリーフは食べやすく手でちぎり、冷水にさらしてシャキッとさせてから、しっかりと水気を切る。

2 赤パプリカは薄切りに、きゅうりはところどころピーラーで皮をむいて5㎜幅の小口切りにする。

3 **1**、**2**を器に盛り、オイル漬け豆腐を散らし、こしょう、レモンの絞り汁をふる。

オイル漬け豆腐を使って

ポテサラ

オイル漬け豆腐をマヨネーズ代わりに。
さっぱりと軽くて食べやすいポテトサラダです。

〈2～3人分〉
オイル漬け豆腐……1/4丁分
じゃがいも……2個（300g）
玉ねぎ……1/4個
ディル……5本
ケッパー（酢漬け）……大2
こしょう……少々

1 じゃがいもは半分に切り、ぬらしたキッチンペーパー、ラップで包み、電子レンジ（600w）で5分加熱する。
2 玉ねぎは繊維を断つように薄切りにし、辛ければ水にさらして辛味を抜き、水気を切る。
3 **1**は熱いうちに皮をむいて潰し、オイル漬け豆腐を加えて豆腐も潰しながら混ぜ合わせる[a]。
4 **3**の粗熱がとれたら、**2**、粗めに刻んだディル、ケッパー、こしょうを加えて混ぜ合わせる。

a

豆腐ときゅうりのサンドイッチ

オイル漬け豆腐を潰してまろやかなソースに。ぱりぱりのきゅうりの食感が楽しい。

〈2人分〉

オイル漬け豆腐……1/4丁分
きゅうり……2本
塩……小1/3
サンドイッチ用パン……4枚

1 オイル漬け豆腐はオイルを軽く切り、すり潰す。

2 きゅうりは縦半分に切り、中央の種の部分をスプーンなどで取り除き、斜め薄切りにする。塩をふり、軽くもんで10分ほど置き、水分が出てきたら絞る。

3 パンに**1**を塗り、**2**をのせて挟む[a]。バットなどを上にのせて少し重しをしてなじませてから、半分に切る。

a

豆腐ほど好く出来た漢《おとこ》はあるまい。
彼は一見、佛頂面をしてゐるけれども
決してカンカン頭の木念仁《ぼくねんじん》ではなく、
軟かさの点では申し分がない。
しかも、身を崩さぬだけのしまりはもってゐる。
煮ても焼いても食えぬ奴と云ふ言葉とは反対に、

煮てもよろしく、〈↓P104〉
焼いてもよろしく、〈↓P110〉
汁にしても、〈↓P128〉
あんをかけても、〈↓P130〉
又は

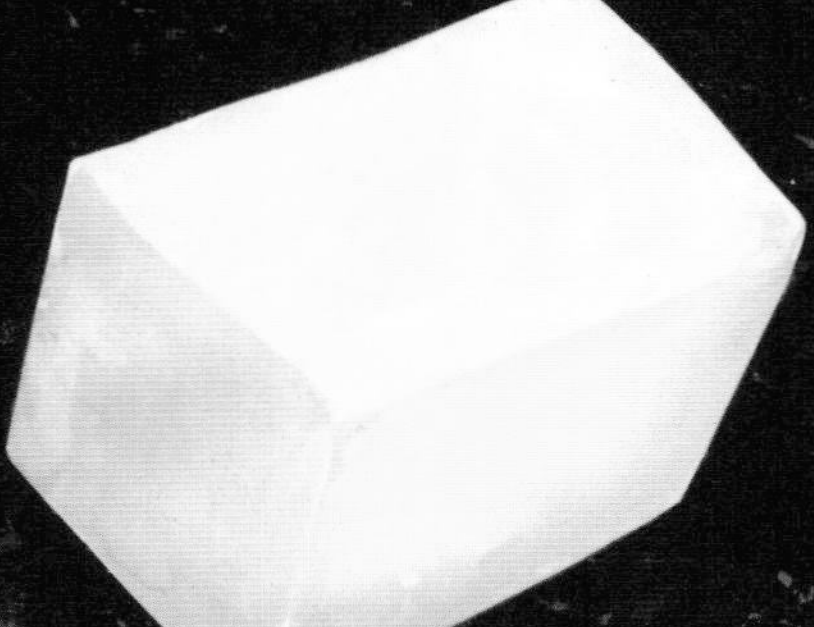

沸きたぎる油で揚げても、〈↓P136〉
寒天の空に凍らしても、〈↓P140〉
それぞれの味を出すのだから面白い。

又、豆腐ほど相手を嫌はぬ者はない。チリの鍋に入っては鯛と同座して恥ぢない。スキの鍋に入っては鶏と相交って相和する。ノッペイ汁としては大根や芋と好き友人であり、更におでんにおいては蒟蒻や竹輪と協調を保つ。されば正月の重詰めの中にも顔を出すし、佛事のお皿にも一役を承《うけたまわ》らずには居ない。
彼は実に融通がきく、自然に凡てに順応する。蓋《けだ》し、彼が偏執《へんしゅう》的なる小我を持たずして、いはば無我の境地に到り得て居るからである。金剛経に「應無《おうむ》所住《しょじゅう》而《に》生其心《しょうごしん》」＝應《まさ》に住する所無くして而も其の心を生ずべし（金剛般若經）とある。これが自分の境地だと腰を据ゑておさまる心がなくして、与えられたる所に従って生き、しかあるがままの時に即して振舞ふ。
此の自然にして自由なるものの姿、これが豆腐なのである。

荻原《おぎわら》井泉水《せいせんすい》著「豆腐」

煮てもよろしく

淡白ゆえに、煮汁を吸っていかようにも変化する豆腐。強火にしすぎず、やさしく温めるように煮ましょう。高温で長時間加熱すると、豆腐に含まれる凝固剤が反応して固くなり、グラグラと煮ると崩れてしまいます。また、豆腐を重ねても煮崩れるので、豆腐を並べられる大きさの鍋や深めのフライパンを使うとよいでしょう。煮物は冷ます間に味がなじんでいくので、作ったら少し時間をおいて温め直してもおいしくいただけます。P108の豆腐とあさりのエスニック煮込みは、多めの汁と具を一緒に食べるので、出来上がりすぐもおすすめです。

鶏肉と豆腐の塩麹煮

煮汁はだし汁と塩麹だけと、ごくシンプル。素材から出るうまみを豆腐がしっかり吸います。

水切りレベル 3

〈2～4人分〉
絹ごし豆腐か木綿豆腐……1丁
鶏もも肉……150g
わけぎ……50g
舞茸……1パック（80g）
A ┌だし汁……200㎖
　└塩麹……大3

1 豆腐は食べやすい大きさに切る。
2 鶏肉はひと口大に切る。わけぎは3㎝幅のざく切りにする。舞茸はほぐす。
3 鍋で**A**を温め、**1**、**2**を入れる。落とし蓋をして弱めの中火で10分ほど煮る。

さんまと豆腐のコチュジャン煮

ピリッとした辛みが
脂ののったさんまとよく合い、
豆腐のやさしい味が寄り添います。

水切りレベル
3

〈2〜4人分〉
木綿豆腐……1丁
さんま……2尾
長ねぎ……1本
しょうが……1片
にんにく……1片
A
顆粒鶏がらスープ……小1/2
水……200ml
コチュジャン……大1
しょうゆ……大1 1/2
みりん……大1 1/2
砂糖……小1

1 豆腐は4等分に切る。
2 さんまは頭を切り落とし、3等分に切ってワタを取り除いてよく洗い、水気を拭き取る。
3 長ねぎは4cm幅に切る。しょうが、にんにくはみじん切りにする。
4 鍋で**A**を温め、**1**、**2**、**3**を入れる。落とし蓋をし、弱めの中火で10分ほど煮含める。

豆腐のポトフ風

ポトフの主役のひとつは素材のうまみが出たスープ。豆腐がそのスープを吸って洋風の味に。

水切りレベル 3

〈2～4人分〉
木綿豆腐……1丁
キャベツ……150g
玉ねぎ……1/2個
トマト……1個
ベーコン……2枚
A 顆粒コンソメ……小1/2
水……600mℓ
塩……小2/3
こしょう……少々
粒マスタード……適量

1 豆腐は4等分に切る。
2 キャベツはざく切り、玉ねぎはくし形に切り、トマトはヘタを取り除いて4等分に切る。
3 ベーコンは細切りにする。
4 鍋に**1**、**2**を入れて**3**をのせる。**A**を加えて蓋を少しずらしてのせ、中火にかける。煮立ったら少し火を弱めて、15分ほど煮る。
5 **4**を器に盛りつけて粒マスタードを添える。

豆腐とあさりのエスニック煮込み

さっと煮込んで、
スープと豆腐を一緒にいただきます。
にんにくの芽の香りが
食欲をそそります。

水切りレベル 3

〈2～4人分〉
絹ごし豆腐……1丁
にんにくの芽……100g
あさり（砂出し済）……150g
A 顆粒鶏がらスープ……小1/2
水……150ml
酒……大3
スイートチリソース……小2
ナンプラー……小2

1 豆腐は食べやすい大きさに切る。
2 にんにくの芽は3㎝幅のざく切りにする。
3 鍋で**A**を温め、**1**、**2**、あさりを入れ、中火で5分ほど煮る。

肉豆腐

もともとは京都の郷土料理
と言われています。
京都では九条ねぎが使われますが、
ここでは玉ねぎを使用。
すき焼き風の甘辛い煮汁を、
豆腐にやさしく含ませます。

水切りレベル 3

〈2〜4人分〉

- 木綿豆腐……1丁
- 玉ねぎ……1/2個
- 椎茸……4枚
- しらたき……100g
- **A**
  - 水……200mℓ
  - しょうゆ……大3
  - みりん……大3
  - 酒……大3
  - 砂糖……大1
- 牛薄切り肉……150g

1 豆腐は4等分に切る。

2 玉ねぎはくし形に切り、椎茸は軸の硬い部分を切り落として半分に切る。しらたきは熱湯で2分ほどゆでて臭みを抜き、長ければざく切りにする。

3 鍋で**A**を温め、**1**、**2**を入れる。煮立ったら牛肉を広げながら1枚ずつ加える。肉に火が通ったら鍋の端に寄せてまた1枚広げて入れてを繰り返し、すべての肉を入れる。落とし蓋をして弱めの中火で10分ほど煮含める。

焼いてもよろしく

約9割が水分の豆腐を上手に焼くコツは、あらかじめ水気をしっかり切ること。水分が多いとうまく焼けなかったり、裏返すときに崩れやすかったり、味がぼんやりする原因にもなります。焼くときは、表面が焼けるまで動かさないことも大切です。昔からある豆腐料理では、「焼く」と言えば串を刺して焼く田楽が代表的でしたが、最近はオーブン料理や、つなぎとして潰して他の素材と混ぜ合わせたりと、幅広い料理が親しまれています。バリエーション豊かな「焼く」豆腐料理を楽しんでください。

豆腐ステーキ

チーズでこってり、
大根おろしでさっぱりして、
ぺろりと一枚食べられます。

水切りレベル 4

〈2人分〉
木綿豆腐……1丁
塩……小1/2
こしょう……少々
おろしにんにく……1片分
小麦粉……大2
オリーブ油……大1
青しそ……4枚
ピザ用チーズ……40g
大根おろし……50g
ポン酢しょうゆ……適量

1 豆腐は4枚のステーキ状に切る。
2 **1**に塩、こしょうをふり、おろしにんにくをすり込み、小麦粉をまぶす。
3 フライパンでオリーブ油を中火で熱し、**2**を焼く。片面を3分ずつ、こんがりと両面を焼いたら青しそ、チーズをのせて蓋をし、1分ほど、チーズが溶けるまで火を通す。
4 **3**を器に盛り、大根おろしをのせてポン酢しょうゆをかける。

もっちり豆腐

〈2人分〉
木綿豆腐か絹ごし豆腐 …… 1丁
じゃがいも …… 150g
片栗粉 …… 大2
塩 …… 小1/2
ごま油 …… 大1
しょうゆ …… 適量
豆板醤 …… 適量

1 豆腐は潰す。
2 じゃがいもはすりおろし、**1**、片栗粉、塩を加えて混ぜ合わせる。
3 フライパンにごま油を中火で熱し、**2**を1/6量ずつ流し入れ、丸く広げる。片面を3分ほどこんがりと焼いたら裏返し、さらに2分ほど焼く。
4 **3**を器に盛り、しょうゆ、豆板醤をつけていただく。

すりおろしたじゃがいもと豆腐のおやき風。
じゃがいもの繊維の食感も残っていて、
もちもち、シャキシャキの新しいおいしさです。

水切りレベル
3

お好み焼き

水切りレベル
3

しっかりめに水切りした豆腐をつなぎに使ったふんわりとした焼き上がりです。

〈2人分〉

絹ごし豆腐……1/2丁
山いも……100g
キャベツ……100g
A
卵……2個
小麦粉……100g
だし汁……150㎖
天かす……20g
乾燥桜えび……5g
サラダ油……大1
豚バラ薄切り肉……100g
B
ソース、マヨネーズ、青海苔、かつお削り節……各適量
紅しょうが……適量

1 豆腐は潰す。
2 山いもはすりおろし、キャベツは細切りにする。
3 **1**、**2**に**A**を加えて菜箸をしっかりと握って大きくかき混ぜる。
4 フライパンにサラダ油を熱し、**3**を2等分にして流し入れる。豚肉を広げてのせ、中火で3分ほど、こんがりと焼いたら裏返し、さらに3分ほど焼く。
5 **4**を器に盛り、**B**をかけて、紅しょうがを添える。

豆腐とさば缶のトマトグラタン

トマトの酸味は豆腐によく合います。
コクのあるさばを合わせて、
食べ応えある一品に。

水切りレベル 4

〈2人分〉
木綿豆腐 ……………… 2/3丁
さばの水煮缶 ………… 140g
塩、こしょう ………… 各少々
トマトソース ………… 200mℓ
ピザ用チーズ ………… 40g
パセリのみじん切り … 適量

1 豆腐は食べやすい大きさに切る。
2 さば水煮缶は汁気を切る。
3 耐熱皿に**1**、**2**をのせ、塩、こしょうをふり、トマトソース、チーズをのせる。
4 **3**を230℃に熱したオーブンで10分焼く。パセリをかける。

豆腐と卵のオーブン焼き

スフレのような
軽い食感のオーブン焼き。
まったりとした風味に、
わさびがアクセントです。

水切りレベル 1

〈2人分〉
絹ごし豆腐 …………… 1丁
卵 ……………………… 2個
麺つゆ（3倍濃縮） …… 大2と1/2
小ねぎの小口切り …… 適量
刻み海苔 ……………… 適量
わさび ………………… 適量

1 豆腐は卵、麺つゆを加えてホイッパーで混ぜ合わせる。
2 耐熱皿に広げ、230℃に熱したオーブンで20分焼く。
3 **2**に小ねぎ、刻み海苔を散らし、わさびを添える。

豆腐のジョン

素材に衣をつけて油で焼く、
韓国のポピュラーな料理。
卵とごま油で
コクとボリュームが増します。

水切りレベル
4

〈2人分〉
木綿豆腐……1丁
塩……小1/4
小麦粉……大2
卵……1個
ごま油……大1
A
コチュジャン……大1
ごま油……小1
しょうゆ……小1
白ごま……小1
小ねぎ小口切り……小2

1 豆腐は1.5㎝厚さに切る。
2 **1**に塩をふり、小麦粉をまぶす。
3 卵を割りほぐし、**2**をくぐらせ、ごま油を中火で熱したフライパンで両面をこんがりと焼く。
4 **3**を器に盛り、合わせた**A**をかける。

豆腐と長いもの和風オムレツ

ベーコンの脂で
じっくり焼き上げたオムレツ。
やわらかな豆腐とほっくり長いもの
食感の違いを楽しみます。

水切りレベル 3

〈2人分〉
木綿豆腐か絹ごし豆腐 …… 1/2丁
長いも …… 100g
ベーコン …… 2枚
バター …… 10g
A
- 卵 …… 2個
- 無調整豆乳 …… 大2
- 麺つゆ（3倍濃縮） …… 小1
- パセリのみじん切り …… 小2
- 塩 …… 小1/4
- こしょう …… 少々

トマトケチャップ …… 適量

1 豆腐は食べやすく手で崩す。
2 長いもはポリ袋に入れてすりこ木などで叩いて食べやすい大きさにする。
3 ベーコンは1cm幅の細切りにする。
4 フライパンにバターを熱し、**3**を炒める。脂が出てきたら**1**、**2**を加えてさっと炒め合わせる。
5 **4**に混ぜ合わせた**A**を流し入れ、蓋をして弱火で5分ほど焼く。よく焼けたら裏返し、さらに5分ほど焼く。器に盛り、トマトケチャップをかける。

炒めても

豆腐を「炒める」のは「焼く」に似ています。豆腐はしっかりと水切りし、表面の水分を抜いて焼き目をつけるイメージで、あまり動かさないようにしましょう。豆腐を返すときはヘラを大きく動かすと崩れにくいです。本書では、炒り豆腐以外はこの方法で。炒り豆腐は、『豆腐百珍』にも載っている、豆腐を崩しながら炒める（炒る）料理。具を炒めてから、崩した豆腐を加えてさっと油を回し、プルプルの豆腐に仕上げます。

トマトと豆腐の卵炒め

トマトの酸味と卵のマイルドさが人気の中華メニュー。
豆腐をしっかり焼くように炒めてから
卵とさっと炒め合わせるのがポイントです。

水切りレベル 3

※食べやすく崩し、3分ほどゆでる、またはペーパーで挟んで15〜30分置く。または塊のまま水切りしてから手で崩す

〈2人分〉

- 木綿豆腐……1丁
- トマト……1個
- 長ねぎ……1/4本
- しょうが……1片
- ごま油……大1
- 溶き卵……2個分
- **A** しょうゆ……小1
- 　酒（あれば紹興酒）……大1
- 　塩……小1/3
- 　こしょう……少々

1 トマトはヘタを取り除いてくし形に切る。

2 長ねぎ、しょうがはみじん切りにする。

3 フライパンにごま油、**2**を熱し、香りが出てきたら豆腐を焼くように炒める。

4 **1**、**A**を加えてさっと炒め合わせたら、溶き卵を回し入れ、半熟状になるまでざっくりと炒める。

麻婆豆腐

豆腐をぷるんとした食感に仕上げるには、
炒める直前に塩を加えた湯でゆでるのがコツ。
適度に脱水すると、あんも薄まりにくくなります。

水切りレベル 3

※手順1参照

〈2人分〉

木綿豆腐か絹ごし豆腐……1丁
長ねぎ……1/2本
にんにく……1片
しょうが……1片
ごま油……小2
豆板醤……小1/2
豚ひき肉……150g

A
- 顆粒鶏がらスープ……小1
- 水……200mℓ
- みそ……大1
- しょうゆ……小2
- 酒（あれば紹興酒）……大2
- 砂糖……大1/2

水溶き片栗粉……水大1＋片栗粉大1
粉山椒……適量
お好みでラー油……適量

1 豆腐は1～1.5cm角に切る。沸騰した湯に塩（分量外・湯1ℓに対して塩小2ほど）を加えてから豆腐を入れ[a]、3分ほどゆでて水切りする[b]。

2 長ねぎ、にんにく、しょうがはみじん切りにする。

3 フライパンにごま油、**2**、豆板醤を熱し、香りが出てきたらひき肉を加えて炒め合わせる。

4 **3**に**A**を加えて煮立ったら**1**を加える。再び煮立ったら水溶き片栗粉でとろみをつける。

5 **4**を器に盛り、仕上げに粉山椒をふる。お好みでラー油を回し入れる。

a

b

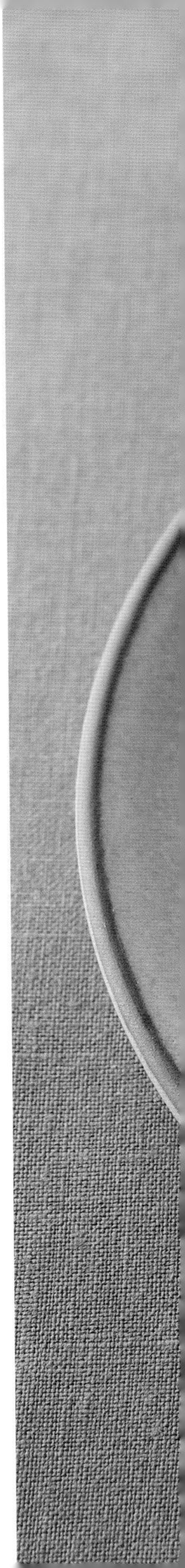

シオンジャン豆腐

シオンジャンは中国語で熊の手のこと。
四川省の家庭でよく食べられている
豆板醤を使ったピリ辛の炒め物です。

水切りレベル 4

〈2人分〉

木綿豆腐……1丁
にら……30g
長ねぎ……1/3本
しょうが……1片
にんにく……1片
ごま油……小2
豆板醤……小1
豆鼓……小1
豚こま切れ肉……100g

A
- 鶏がらスープ……小1
- 水……150mℓ
- しょうゆ……小1
- 砂糖……小1
- 塩……小1/4
- こしょう……少々

水溶き片栗粉……水小2＋片栗粉小2

1 豆腐は1・5㎝厚さに切る。多めのごま油（分量外）をフライパンに中火で熱し、揚げ焼きにする。こんがり焼けたら取り出しておく。

2 にらはざく切りにする。長ねぎは縦半分に切ってから斜め薄切りにする。

3 しょうが、にんにくはみじん切りにする。

4 フライパンでごま油を中火で熱し、**3**、豆板醤、刻んだ豆鼓を熱し、香りが出てきたら強火にして豚肉、**2**を順に加えながら炒め合わせる。

5 **4**に**A**を加えてひと煮立ちさせ、**1**の豆腐を戻し入れ、さっと絡めたら水溶き片栗粉でとろみをつける。

オイスターソース炒め

牛肉とオイスターソースの鉄板の組み合わせに、豆腐、青菜、キノコで食感豊かに仕上げます。

水切りレベル 3

〈2人分〉
木綿豆腐……2/3丁
青梗菜……2株
エリンギ……1本
しょうが……1片
ごま油……小2
牛切り落とし肉……100g
A 鶏がらスープ……小1/2
水……100mℓ
オイスターソース……大1
しょうゆ……小1
酒……大1
砂糖……小1
片栗粉……小2

1 豆腐は食べやすい大きさに切る。

2 青梗菜は葉と根元に切り分け、根元のほうは4つ割りにし、ざく切りにする。エリンギは縦半分に切ってから薄切りにする。

3 しょうがは細切りにする。

4 フライパンでごま油、**3**を熱し、香りが出てきたら牛肉を炒める。さらに**2**を加えて炒め合わせたら、**1**を加えてさっと混ぜ、合わせた**A**を回し入れる。

水切りレベル

3

炒り豆腐

絹ごし豆腐で作る
ふわふわの炒り豆腐。
豆腐は崩れすぎないように
やさしく炒め、
だしの風味の煮汁を吸わせます。

〈2〜4人分〉

絹ごし豆腐か木綿豆腐……1丁
にんじん……50g
椎茸……3枚
ごま油……小1
鶏ひき肉……50g
A だし汁……大2
　しょうゆ……大1
　みりん……大1
　塩……ひとつまみ
絹さや……5枚
卵……1個

1 豆腐は細かく手で崩す。

2 にんじんは細切りに、椎茸は薄切りにする。

3 鍋にごま油を中火で熱し、ひき肉を炒める。火が通ったら**2**を加えてさらに炒める。

4 **1**を加えて炒め、全体に油が回ったら**A**を加え、煮汁が少なくなるまで3分ほど煮る。

5 絹さやは筋を取り除いて斜め切りにし、卵は割りほぐす。

6 **4**に**5**を加えて絡め、卵に火が通ったら盛りつける。

ゴーヤチャンプルー

豆腐はあまり動かさずに
豚の脂で焼きつけ、
歯応えのある食感に。
豚とかつお節の風味で、
一気に沖縄の味になります。
沖縄では塩気があり固めの
島豆腐を使いますが、
ここでは木綿豆腐を
しっかり水切りして使います。

〈2人分〉
木綿豆腐……2/3丁
豚バラ肉……100g
ゴーヤ……1本
溶き卵……1個分
塩……小1/3
こしょう……少々
しょうゆ……小1
かつお削り節……5g

水切りレベル 4

1 豆腐は食べやすく崩す。

2 豚肉は3㎝幅に切り、ゴーヤは種を取り除いて半月形の薄切りにする。

3 フライパンを中火で熱し、**2**の豚肉を焼く。じわじわ脂が出てきて、さらにカリッと焼けたら取り出しておく。

4 フライパンに残った脂で**1**を焼く。こんがりと焼けたら取り出しておく。

5 フライパンに残った脂で(足りなければサラダ油分量外を足して)、ゴーヤを強火で炒める。少しシャキッとした食感が残る程度に炒めたら、**3**、**4**を戻し入れ、溶き卵を加えて炒め合わせ、塩、こしょう、しょうゆで味つけする。

6 **5**を器に盛り、かつお節をのせる。

豆腐のガパオ風炒め

ひき肉の代わりに豆腐を使って、ごはんに合う味つけに。
豆腐はしっかり水切りしておき、さっと炒め合わせて弾力を出します。

〈2人分〉
木綿豆腐……1丁
赤パプリカ……1/2個
玉ねぎ……1/4個
しょうが……1片
にんにく……1片
サラダ油……大1
乾燥桜えび……5g
A オイスターソース……小2
　ナンプラー……小2
　しょうゆ……小1
　砂糖……小1
バジル……6枚
お好みで温かいごはん……適量

水切りレベル 4

1 豆腐は2㎝角に切る。
2 赤パプリカは1・5㎝角に切る。
3 玉ねぎ、しょうが、にんにくはみじん切りにする。
4 フライパンにサラダ油を強火で熱し、**3**を香りが出るまで炒めたら、**2**、桜えび、**1**を加えてさらに炒め合わせ、**A**を加えて味をととのえる。
5 火を止め、仕上げにちぎったバジルを加える。このままおかずにしてもおいしい。
6 ごはんを添える場合、**5**に塩、こしょう少々（各分量外）をふって添える。

汁にしても

汁と具を一緒に食べる汁物は、豆腐に味がしみていなくてもおいしくいただけます。豆腐は温まる程度に加熱して、煮えばなをどうぞ。

豆腐と根菜のみそ汁

ごま油を使った、
コクのあるみそ汁。
豆腐は最後に加えて
さっと火を通します。

水切りレベル 1

〈2~4人分〉

- 木綿豆腐……100g
- 大根……50g
- にんじん……20g
- ごぼう……50g
- 里いも……100g
- 油揚げ……1/2枚
- ごま油……小1
- だし汁……500mℓ
- みそ……大2

1 豆腐は2cm角程度に切る。
2 大根、にんじんはいちょう切り、ごぼうは斜め薄切りにする。里いもは1cm厚さに切る。油揚げは熱湯を回しかけて油抜きし、1cm幅に切る。
3 鍋にごま油を強火で熱し、**2**を入れて全体に油が回るように炒める。
4 だし汁を加え、蓋をし、煮立ったら弱めの中火で5分ほど煮る。
5 **1**を加え、温まったらみそを溶く。

鍋に入れても

つゆをしみさせたり、さっと温めて汁ごといただいたり、タレをつけたり。どんな鍋にも合う豆腐。もつ鍋風の豆腐は、軽く煮てつゆを吸ったところで食べるのがおすすめです。

もつ鍋風

水切りレベル 2

にんにく入りのスープに、ぷるぷるの豚バラ肉でもつ鍋風に。豆腐がほどよく煮えたところで、スープと一緒にいただきます。

〈2人分〉
木綿豆腐……1丁
もやし……1袋（200g）
にら……1束（100g）
豚バラ薄切り肉……100g
A 顆粒鶏がらスープ……小1
　水……600ml
　おろしにんにく……1片分
　赤唐辛子小口切り……ひとつまみ
みそ……大2
しょうゆ……大1
みりん……大2

1 豆腐は食べやすい大きさに切る。
2 もやしはできればひげ根を取り除き、にらは4cm幅のざく切りにする。
3 豚肉は4cm幅に切る。
4 鍋に**A**を入れ強火で温める。煮立ったら**1**、**2**、**3**を入れ、みそ、しょうゆ、みりんを加え中火で煮る。

あんをかけても

なめらかな食感のあんと、とてもよく合う豆腐。あんをかけて食べるのはもちろん、あんの具としてもその相性のよさを発揮します。あんの具にする場合、混ぜるときに豆腐が崩れないように気をつけます。調味液に水溶き片栗粉を加えたら、ヘラをそっと大きく動かして混ぜましょう。ヘラは固い木ベラよりもしなやかなゴムベラがおすすめです。また、豆腐から水分が出てくるので、出来上がったらすぐ食べましょう。あんは冷めにくいので、秋冬の食卓にもおすすめです。

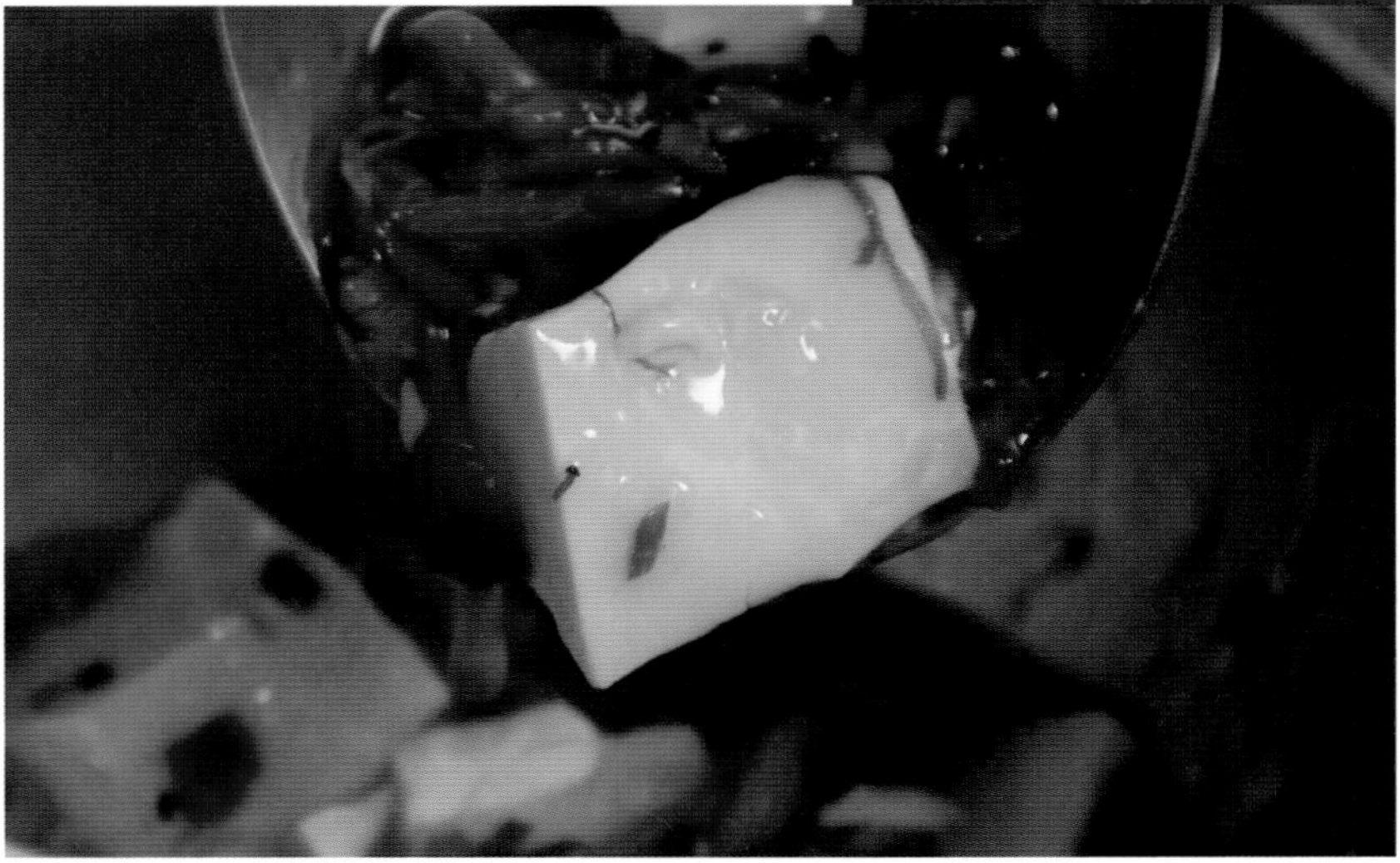

水切りレベル 2

豆腐と味つけなめたけのあんかけ

なめこのぬめりとなめらかな絹ごし豆腐がベストマッチ。卵も半熟に仕上げて、やわらかさを楽しむ一皿に。

〈2人分〉
絹ごし豆腐か木綿豆腐……100g
だし汁……100mℓ
味つけなめたけ……80g
小ねぎの小口切り……大1
水溶き片栗粉……水小1：片栗粉小1
溶き卵……3個分
ごま油……小2

1 豆腐は手で崩す。

2 鍋にだし汁を入れて強めの中火で温め、**1**、味つけなめたけ、小ねぎを加えてさっと煮立てる。水溶き片栗粉を加えてとろみをつける。

3 溶き卵は、ごま油を中火で熱したフライパンでスクランブルエッグ状に炒める。

4 器に**3**を盛り、**2**をかける。

オニオンケチャップあん

甘酸っぱい味つけは豆腐と好相性。
ソースを具沢山にして、
ボリューム満点のおかずに。

水切りレベル 4

〈2人分〉

木綿豆腐……1丁
塩、こしょう……各少々
小麦粉……小2＋小1
玉ねぎ……1/2個
しめじ……50g
ベーコン……2枚
バター……20g
A
赤ワイン……100mℓ
トマトケチャップ……大2
中濃ソース……小2
しょうゆ……小1
オリーブ油……小2
パセリのみじん切り……適量

1 豆腐は厚さを4等分に切る。塩、こしょうをふり、小麦粉小2をまぶす。

2 玉ねぎは薄切り、しめじはほぐし、ベーコンは1㎝幅に切る。

3 フライパンにバターを入れて中火で熱し、**2**を炒める。玉ねぎがしんなりしてきたら**A**を加え、煮立ったらそのまま3分ほど煮る。茶こしなどで残りの小麦粉をふり入れてとろみをつける。

4 別のフライパンにオリーブ油を中火で熱し、**1**を焼く。各面3分ずつ焼いたら器に盛り、**3**をかけ、パセリを散らす。

明太子にらあん

パンチのある明太子とにらが、あっさりとした豆腐を引き立てます。

水切りレベル 2

〈2人分〉

絹ごし豆腐か木綿豆腐……1丁
にら……30g
辛子明太子……1本（35gほど）
だし汁……200㎖
ごま油……小1
しょうゆ……小1/2
粗びき黒こしょう……少々
片栗粉……大1

1 豆腐は8等分程度に切る。
2 にらは3㎝幅に切り、明太子は薄皮からしごき出す。
3 鍋にだし汁を入れて中火で温め、**2**を加える。煮立ったら、ごま油、しょうゆ、こしょうを加えて味つけする。
4 **1**に片栗粉をまぶして**3**に加える。
5 そのまま3分ほど温めたら器に盛りつける。

ブロッコリーとカニカマと豆腐のあんかけ丼

味わいも食感もやさしいあん。丼ではなくおかずにする場合、ブロッコリーを少し大きめに切り、やや食感を残すとよいでしょう。

水切りレベル 2

〈2人分〉

絹ごし豆腐か木綿豆腐……1丁
ブロッコリー……80g
カニカマ……40g
A 顆粒鶏がらスープ……小1/2
　水……200mℓ
　酒……大2
塩……小1/2
こしょう……少々
水溶き片栗粉……片栗粉小1：水小1
温かいごはん……適量
粗びき黒こしょう……適量

1 豆腐は食べやすい大きさに崩す。
2 ブロッコリーは小さめの小房に分け、カニカマは長さを半分に切ってほぐす。
3 鍋に**A**を合わせて中火で温め、**2**を加える。蓋をして煮立ったら5分ほど煮る。
4 **3**に**1**を加えて塩、こしょうで味をととのえ、水溶き片栗粉でとろみをつける。
5 器にごはんを盛り、**4**をかけ、粗びきこしょうをふる。

白菜と豚肉と豆腐のあん

相性抜群の豚肉と白菜のとろみ煮に、豆腐を加えてボリュームアップ。オイスターソースのコクで箸がすすみます。

水切りレベル 2

〈2人分〉

木綿豆腐か絹ごし豆腐……200g
豚バラ薄切り肉……80g
白菜……100g
椎茸……3枚
しょうが……1片

A 鶏がらスープ……小1/2
水……200㎖

B オイスターソース……大1
しょうゆ……小1
酒……大1
砂糖……小1/2
塩……少々
こしょう……少々

水溶き片栗粉……片栗粉大1+水大1
焼きそば用蒸し麺……2玉

1 豆腐は食べやすい大きさに手でほぐす。

2 豚肉は3㎝幅に切る。白菜は3㎝幅のそぎ切りに、椎茸は薄切りにする。しょうがは細切りにする。

3 鍋に**A**を入れて中火で温め、**2**を加えて蓋をする。5分ほど煮て白菜がやわらかく煮えたら**1**、**B**を加えて味をととのえる。

4 煮立ったら水溶き片栗粉でとろみをつける。これだけをおかずにしてもおいしい。

5 お好みで、ごま油でさっと炒めてから両面をパリッと焼いた焼きそば麺にかける。

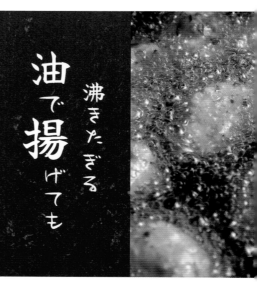

沸きたぎる油で揚げても

淡白な豆腐も、揚げると油のコクとベストマッチで、食べ応えが出て十分な存在感。水分が多いと、落とし揚げなどは生地がゆるくて成形が難しくなったり、揚げだし豆腐は揚げてから水が出やすくなるので、しっかり水切りをしましょう。油の適温は160~170℃くらい。低めの温度で、菜箸を入れて泡が出始める程度です。豆腐はもともと生でも食べられる素材なので、火の通り加減にあまりシビアにならなくていいのもうれしいところ。温かいうちに、衣のサクサク感を楽しみましょう。

落とし揚げ

水切りレベル 4

魚のすり身と豆腐のふわふわ生地。表面がさっくりとした揚げ立てをぜひどうぞ。

〈2人分〉

木綿豆腐……150g
白身魚の切り身（メカジキなど）……正味100g
長ねぎ……20g
椎茸……2枚
しょうが……1片
片栗粉……大1
酒……大1
塩……少々
揚げ油……適量
お好みでしし唐辛子……8本

1 白身魚は皮や骨を取り除き、フードプロセッサーで細かくする（なければ包丁で叩いたり、すり鉢でする）。
2 長ねぎ、椎茸、しょうがはみじん切りにする。
3 豆腐、**1**、**2**、片栗粉、酒、塩を合わせて練り混ぜる。
4 170℃に熱した揚げ油に**4**をスプーンで形をととのえ入れて揚げる。3~5分、カラッと色づくまで揚げる。しし唐は爪楊枝で数か所刺してから素揚げする。
5 **4**を器に盛り、塩を添える。

揚げだし豆腐

豆腐は適度に水切りして、
なめらかな食感を残します。
つゆを吸った衣が豆腐の滋味を引き立てます。

水切りレベル 2

〈2〜4人分〉

- 木綿豆腐……1丁
- 片栗粉……大3
- 揚げ油……適量
- **A** だし汁……150mℓ
- しょうゆ……大2
- みりん……大1
- 塩……ひとつまみ
- 大根おろし……80g
- かいわれ大根……適量
- おろししょうがなど お好みの薬味……適量

1 豆腐は4等分に切る。

2 **1**に片栗粉をまぶし、160〜170℃に熱した揚げ油で3〜5分、カラッと揚げる。

3 鍋で**A**を温める。

4 器に**2**を盛り、**3**をかけ、大根おろし、根を切り落としたかいわれ大根、お好みの薬味を添える。

ナゲット

おからパウダーと鶏ひき肉を混ぜた生地は、
しっかりとした食感です。
ハーブの香りがやみつきに。

水切りレベル

4

〈2人分〉

木綿豆腐……1/2丁

A 鶏ひき肉……150g
おろししょうが……1片分
溶き卵……1/2個分
おからパウダー……大3
ドライハーブミックス……小1/2
塩……小1/4
こしょう……少々

小麦粉……大5

揚げ油……適量

B マヨネーズ……大2
はちみつ……小2
粒マスタード……小2
レモンの絞り汁……小1
塩、こしょう……各少々

1 豆腐は**A**を加えてよく混ぜ合わせる。
2 揚げ油は170℃に熱する。
3 **1**をひと口大に丸め、小麦粉をまぶし、揚げ油で3～5分、カラッと色づくまで揚げる。
4 **3**を器に盛り、合わせた**B**を添える。

寒天の空に凍らしても

日本の伝統食として、おもに寒冷地で豆腐の保存のために作られてきた「凍り豆腐」（呼称は地域により異なる）は、精進料理にも欠かせない食材。凍らせた豆腐はスポンジ状になり水分が抜けて、噛み応えのある食感。煮物の味がしみやすく、水分が少ないので揚げ物にも向くなど、本来の豆腐とは別の魅力が生まれます。これを家庭で再現したのが、冷凍庫で凍らせる凍り豆腐。製品によって力いっぱい絞ると崩れやすい場合があるので、状態を見て力加減を。豆腐の保存法としても便利ですが、できるだけ新鮮な豆腐を使いましょう。

豆腐の凍らせ方（凍り豆腐）

水切りレベル 2

1 木綿豆腐を厚さ1・5㎝程度の切り餅状に切り、一つずつラップで包んで冷凍する。できるだけ新鮮な豆腐を使う。

2 ラップに包んだまま耐熱皿にのせ、電子レンジ（600W）で1丁につき2〜3分加熱して解凍する。しっかり水気を絞って使う。

凍り豆腐とひじきの煮物

凍り豆腐はちぎって、
より煮汁を吸いやすくします。
スポンジ状の豆腐で食べ応えが増し、
ボリュームのある副菜に。

〈2人分〉
凍り豆腐 ………… 1/2丁分
乾燥芽ひじき …… 10g
A だし汁 ……… 200㎖
　しょうゆ …… 大1
　みりん ……… 大1
絹さや ………… 10枚

1 凍り豆腐は解凍し、水気を絞って a 食べやすくちぎる。
2 芽ひじきはよく洗って、水に浸してやわらかく戻し、水気を絞る。
3 鍋に**1**、**2**、**A**を入れて強火にかける。煮立ったら落とし蓋をして弱火で10分ほど煮含める。
4 仕上げに筋を取り除いて斜め切りにした絹さやを加えて、さっと混ぜ、余熱で火を通す。

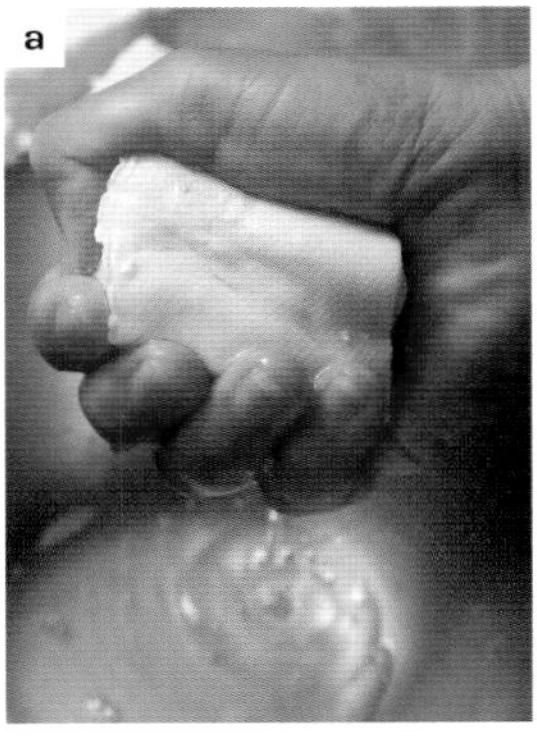
a

肉巻き凍り豆腐

甘辛い煮汁を吸った凍り豆腐と牛肉は相性抜群です。
コクがありながら後味はさっぱりしていて、いくつでも食べられそう。

〈2人分〉
凍り豆腐……1/2丁分
牛薄切り肉……6枚（150g）
さやいんげん……12本
サラダ油……小1
A しょうゆ……大1
　みりん……大1
　しょうがの絞り汁……小1

1 凍り豆腐は解凍して水気を絞り、全部で6個になるよう等分に切り、牛肉で巻く。さやいんげんはヘタを取る。

2 フライパンにサラダ油を入れて中火で熱し、**1**の肉の巻き終わりを下にして並べて焼く。しっかりと焼けたら、少しずつ回転させながら全体を焼きつける。フライパンの空いたスペースでいんげんを焼く。

3 **2**に**A**を注ぎ、煮絡める。

凍り豆腐のから揚げ

漬けダレをしっかりもみ込んだ、ごはんによく合うおかずです。衣の食感も楽しむなら揚げ立てがおすすめ。

〈2人分〉

凍り豆腐……1丁分
A おろしにんにく……1/2片分
　おろししょうが……1/2片分
　豆板醤……小1/2
　しょうゆ……大1
　みりん……小2
　塩、こしょう……各少々
揚げ油……適量
片栗粉……大5
サニーレタス……2枚

1 凍り豆腐は解凍し、しっかりと水気を絞ってひと口大にちぎる。
2 **1**に合わせた**A**を加えてもみ込む[a]。
3 揚げ油は170℃に熱する。
4 **2**に片栗粉をまぶし、油で揚げる。
5 **4**にサニーレタスを添えて器に盛る。

a

ごまみそ汁

練りごまとすりごまを使った、風味豊かなみそ汁。
凍り豆腐がつゆをしっかりと吸い、満足感のある一杯。

〈2人分〉
凍り豆腐……………1/4丁分
乾燥わかめ…………2g
だし汁………………400㎖
みそ…………………大1と1/2
白練りごま…………小2
白すりごま…………小2
長ねぎの小口切り…適量

1 凍り豆腐は解凍し、さいの目に切る。
2 乾燥わかめは水で戻し、水気を絞る。
3 鍋にだし汁を温め、**1**、**2**を加えて温め、みそ、白練りごま、白すりごまを加えて溶く。
4 **3**を椀に盛り、長ねぎをのせる。

とうめし

水切りレベル 3

ナンプラーで魚のうまみを加えた、おでん風のつゆを吸った豆腐を崩しながらいただきます。

〈2人分〉

木綿豆腐……1丁

A
- 酒……大1
- しょうゆ……大1
- みりん……大1
- 砂糖……大1
- ナンプラー……大1 1/2
- オイスターソース……大1 1/2

温かいごはん……茶碗2杯分

1 豆腐は横半分に切る。

2 フライパンに**1**、**A**、ひたひたの水（分量外）を入れて落とし蓋をする。中火にかけて、煮立ったら少し火を弱めて15～20分、煮汁が半量くらいになるまで煮含める。

3 丼にごはんを盛り、**2**をのせる。

豆腐茶漬け

水切りレベル 2

さけフレークや海苔の風味をアクセントに、おなかを優しく満たす一品。

〈2人分〉

木綿豆腐……1/2丁
だし汁……500㎖
塩……小1/3
しょうゆ……小1/2
温かいごはん……茶碗2杯分
さけフレーク……大2
刻み海苔……適量
小ねぎの小口切り……適量

1 豆腐はさいの目に切る。

2 鍋でだし汁を温め、**1**、塩、しょうゆを加えてひと煮立ちさせる。

3 茶碗にごはんを盛り、**2**をかけ、さけフレーク、刻み海苔、小ねぎをのせる。

油揚げガレット

開いた油揚げをさっくり焼き上げます。半熟卵の黄身とチーズが絡みます。

〈2人分〉
油揚げ（ふんわりタイプ）……2枚
スライスハム……2枚
ピザ用チーズ……30g
卵……2個
塩……少々
こしょう……少々
ルッコラ……30g

1 油揚げはそれぞれ3片に切り込みを入れて開く。
2 フライパンを中火で熱し、**1**の外側が下になるようにのせる。
3 **2**にハム、チーズをのせ、卵を割り落とし、塩、こしょうをふる。水（1枚につき大1・分量外）を回し入れ、蓋をして3分ほど焼く。
4 器に盛りつけて、ルッコラを添える。

油揚げラスク風

スティック状で食べやすいサクサク食感のおやつです。

〈作りやすい分量〉
油揚げ（ふんわりタイプ）……2枚
バター……15g
砂糖……大3

1 油揚げは1・5㎝幅に切る。
2 フライパンを中火で熱し、**1**をヘラで押し付けながらカリッと焼く。両面を焼いたらバター、砂糖を加えて溶かし絡める。

地域色豊かな油揚げ

油揚げは木綿豆腐を薄く切って揚げたもの。そう思っている人も多いかもしれませんが、実は、油揚げ専用の生地をつくるところから始まります。さらに、低温の油でふわっと膨らませてから高温の油でカリッと仕上げる（二度揚げ）、手間のかかった製品。地域色も豊かで、日本各地で、大きさ、厚み、形もさまざまな油揚げが見られます。たとえば、宮城県定義山の名物は大ぶりな「三角あぶらあげ」。新潟県長岡市栃尾の「栃尾揚げ」はふっくらとした長方形。京都の人が親しみを込めて「お揚げさん」と呼ぶ「京揚げ」は、同じ長方形でも薄く大きく、福井県の「ざぶとん揚げ」は、厚みのある正方形。ちなみに福井県は油揚げの消費量が日本一。旅先で、その土地ならではの油揚げを探してみるのも楽しいですね。

おからそぼろ

鶏ひき肉と同量のおからで作るそぼろはしっとりほろほろ食感がやみつきに。

〈2人分〉
生おから……100g
ごま油……小1
鶏ひき肉……100g
A　しょうゆ……大1/2
　　みそ……大1/2
　　みりん……大1
　　砂糖……小1/2
温かいごはん……茶碗2杯分
三つ葉……適量

1 フライパンにごま油を熱し、ひき肉を炒める。火が通ってきたらおからを加えてさらに炒める。
2 **1**に**A**を加え、ぽろぽろになるまで炒める。
3 茶碗にごはんを盛り、**2**をのせ、三つ葉を添える。

ドライおからのニョッキ

おからの存在を忘れるほどのもちもち食感で、コクのあるチーズソースとの相性もぴったり。

〈2人分〉
おからパウダー……70g
A
片栗粉……110g
粉チーズ……大2
塩……少々
こしょう……少々
水……200〜300㎖
オリーブ油……小2
牛乳……300㎖
ゴルゴンゾーラチーズ……40g
粗挽き黒こしょう……適量

1 おからパウダー、**A**をボウルに入れて、水を少しずつ加えながら練り合わせ、耳たぶくらいのかたさにし、ひと口大に丸める。

2 フライパンにオリーブ油を中火で熱し、**1**を焼く。両面を色よく焼いたら牛乳を加えて蓋をし、3分ほど蒸し焼きにする。

3 ちぎったゴルゴンゾーラを加えて溶かしながら、絡める。

4 器に盛り、粗びき黒こしょうをふる。

豆腐の寒天寄せ

『豆腐百珍』の一品「玲瓏《こおり》豆腐」をデザート仕立てに。
寒天に浮かぶ豆腐が涼やかさを運びます。

水切りレベル 1

〈作りやすい分量（14㎝×16㎝の流し缶1缶分）〉

絹ごし豆腐……200g
粉寒天……4g
水……500㎖
黒蜜……適量

1 鍋に水、粉寒天を入れて中火にかけ、温まったらヘラでかき混ぜながら2～3分煮て、寒天を溶かす。

2 豆腐は崩す。

3 流し缶に豆腐を入れ、**1**の寒天を静かに流し込む。粗熱をとってから、冷蔵庫で冷やし固める。

4 流し缶から取り出し、等分に切り分けて器に盛り、黒蜜をかける。

豆腐白玉

豆腐で練った白玉は
冷めても固くなりにくく、
軽い食感。

水切りレベル 1

〈2人分〉
絹ごし豆腐……100g
白玉粉……80g
ゆであずき……100g

1 豆腐に白玉粉を加えて練り合わせる。耳たぶくらいの固さになるように、ゆるければ白玉粉を足し、固ければ水を足す。
2 食べやすい大きさに丸め、鍋で沸かした湯に入れる。自然と浮き上がってきたら冷水にとる。
3 水気を切って器に盛り、ゆであずきをのせる。

豆腐メープルソース

シンプルな焼き菓子に
ぴったりの、
クリーミーなソースです。

水切りレベル 2

〈作りやすい分量〉
絹ごし豆腐……200g
メープルシロップ……50g
生クリーム……50g
バニラエッセンス……少々
ワッフル、スコーンなど……適量

1 豆腐はメープルシロップ、生クリーム、バニラエッセンスを加えて、ブレンダーでなめらかになるまで混ぜる。
2 器に盛ったワッフルなどに**1**をかける。
※ お好みでミントの葉を添えてもいい。

豆腐とヨーグルトのパンケーキ

豆腐を混ぜ込むと
ふんわりとした生地に。
ソーセージやベーコンを添えて、
軽食にも。

水切りレベル 1

〈2人分〉
絹ごし豆腐……100g
無糖ヨーグルト……50g
薄力粉……150g
ベーキングパウダー……小1
卵……2個
砂糖……大1
バター……20g
メープルシロップ……適量

1 豆腐はなめらかに潰し、ヨーグルトと合わせておく。
2 薄力粉とベーキングパウダーは合わせてふるっておく。
3 卵と砂糖を合わせてハンドミキサーでもったりするまでしっかりと泡立てる。
4 **3**に**2**を入れて混ぜ、粉っぽさがなくなったら**1**を加えてさらに混ぜ合わせる。
5 フライパンにバター（分量外・またはサラダ油）を薄くのばして弱火で熱し、**4**を流し入れる。弱火でじっくりと焼き、膨らんで表面にプツプツと空気の穴ができて少し乾いた感じになってきたら裏返し、さらに焼く。これを数枚作る。
6 **5**を器に盛り、バターをのせ、メープルシロップをかける。
※お好みでホイップクリームやミントの葉を添えてもいい。

豆腐ババロア

なめらかな豆腐に溶け込んだチョコレートの風味が堪能できます。

水切りレベル 1

〈4人分〉

絹ごし豆腐……200g
A ゼラチン……5g
　水……大2
ミルクチョコレート……100g
B 生クリーム……150g
　ココア……大1
　ラム酒……小1
　砂糖……大2

1 **A**を合わせてふやかしておく。
2 ミルクチョコレートは刻み、湯煎で溶かす。
3 豆腐は**B**を加えてよく混ぜ合わせる。
4 **1**を電子レンジにかけて溶かす（600Wで30秒ほど）。
5 **3**に**4**、**2**を加えてブレンダーで混ぜ合わせ、カップに流し入れ、冷蔵庫で冷やし固める。
※お好みでホイップクリームやミントの葉を添えてもいい。

お取り寄せも！全国豆腐カタログ

全国の豆腐を食べ歩いた豆腐マイスターの著者が4つの視点でセレクト。気になった豆腐があったらぜひ試してみてください。

原材料（大豆等）が記載されている内容と変更される場合があります

豆の個性を楽しむ豆腐

岩手
寄せ

『ざるおぼろ豆腐』
（黄・茶・緑・黒 全4色）

- ふうせつ花
- オンラインショップ
- http://fusetsuka.com
- 黄：ナカセンナリ　茶：白山6号
緑：秘伝　黒：祝黒

甘みとうまみのバランスがとれた黄大豆「雪おぼろ」。クルミのような香りとコクを持つ茶大豆「花おぼろ」。枝豆のような風味の青大豆「風おぼろ」。濃厚なうまみとまったりした口当たりの黒大豆「夢おぼろ」。大豆の個性を堪能できる贅沢なざる豆腐はギフトにもぴったり。

東京
絹ごし

『小糸在来の絹』

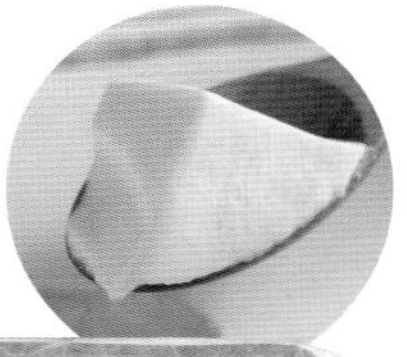

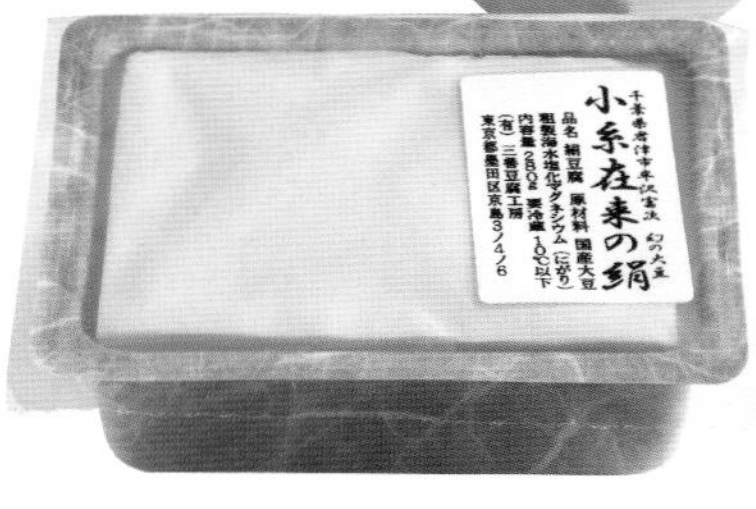

- 三善豆腐工房
- 店頭・移動販売のみ
- https://www.umai-tofu.com
- 小糸在来

千葉県の在来種「小糸在来」を使用。ほのかな青い香りと上品な豆の甘みがあり、口当たりは濃厚でもっちりとした食感。店頭には他にも大豆生産者とのつながりを大切にした豆腐が。

新潟
寄せ

『肴豆のおぼろ豆腐』

- 嘉平豆腐店
- オンラインショップからお問い合わせで取り寄せ可（夏季限定）
- https://kaheitofu.com
- 肴豆

長岡市産の青大豆「肴豆」を使用し、コクがあるのに後味はさっぱり。まずはそのまま甘みと香りを味わってから岩塩を軽くふっていただくのがおすすめ。老舗豆腐店の夏季限定の人気商品。

- メーカー
- 取り寄せ方法
- 連絡先
- 取り扱い豆の種類
- 商品の説明

郷土・地域特有の豆腐

富山
木綿

『平家とうふ 五箇山堅豆腐』〈右〉
『平家漬 大吟醸』〈左〉

- ねこのくら工房
- オンラインショップ
- http://nekonokura.com
- エンレイ

五箇山で受け継がれてきた郷土食の堅豆腐は、素朴ながら大豆のうまみを味わえます。崩れにくく、薄く切って刺身にする他、煮物や田楽、ステーキにもおすすめ。地元の三笑楽酒造の酒粕と塩麹で漬け込んだ「大吟醸」などの「平家漬」(全5種)もお酒のアテに人気。

沖縄
木綿

『島豆腐』

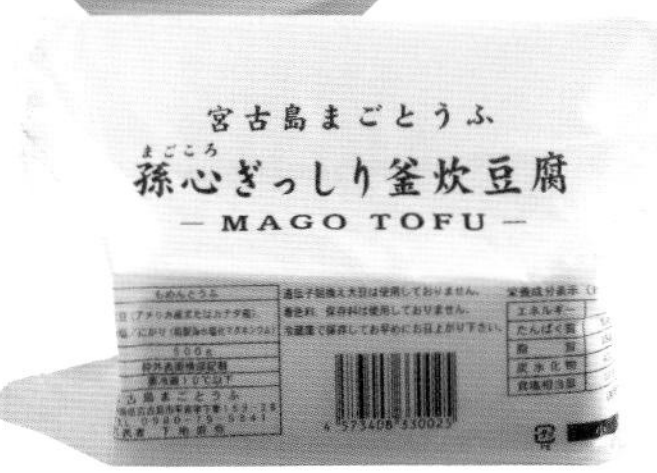

沖縄
寄せ

『濃厚おぼろ豆腐』

- 宮古島まごとうふ
- 電話・FAXまたはメールにて
- TEL＆FAX 0980-79-5341
  メール magotofu.miyakojima@estate.ocn.ne.jp
- アメリカまたはカナダ産大豆(島豆腐)・ミヤギシロメ(おぼろ豆腐)

豆腐職人の祖母(おばぁ)から孫の店主が受け継いだことから「まごとうふ」の店名に。伝統の地釜炊きの島豆腐は、塩味と香ばしさが特徴的。じっくり水分を切るためふんわり感が残ります。2018年全国豆腐品評会で最優秀賞に輝いたおぼろ豆腐は、クリーミーでプルプル食感がやみつき。

昔ながらの製法の豆腐

和歌山
寄せ

『地釜ざるとうふ』

- 龍神地釜とうふ工房 るあん
- オンラインショップ
- https://www.loin-ryujin.com
- タマホマレ等

店主自ら薪を割って火をおこし、かまどで「大豆の声」を聞きながら炊き上げた昔ながらの地釜豆腐。甘み・うまみ・香味が混じり合った立体的な味わい。おすすめ調味料は醤油とごま油。

贈り物にもおすすめの豆腐

宮城
絹ごし

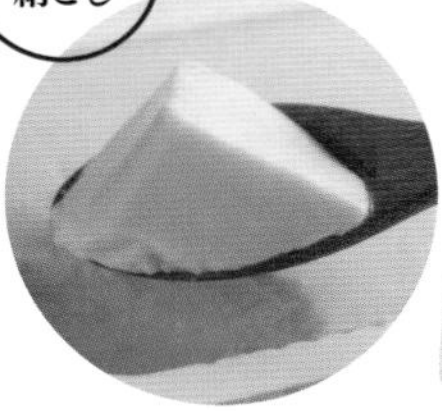

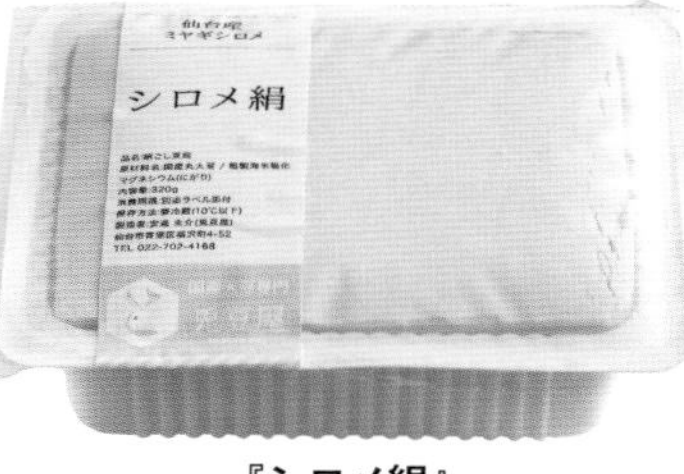

『シロメ絹』

- 兎豆屋（とまめや）
- オンラインショップ
- http://tomameya.com
- ミヤギシロメ

宮城県の優良奨励品種「ミヤギシロメ」のまろやかな甘みを堪能できる一丁。WEBディレクターから豆腐職人へ転身し、全国豆腐品評会で数々の賞を獲得するユニークかつ実力派のお店。

京都
寄せ

『青竹よせ豆腐』

- 京の地豆腐 久在屋（きゅうざや）
- オンラインショップ
- http://www.kyuzaya.jp
- さとういらず、ミヤギシロメ、とよみずき

洛西の竹林でとれた竹筒に、豆乳とにがりを流し込んで一昼夜熟成させた贅沢な寄せ豆腐。大豆の甘みの中に青竹の香りをほのかに感じます。黒蜜やはちみつをかければデザートに。

群馬
木綿

『幻の極 木綿豆富』

- とうふ工房 味華（あじのはな）
- ホームページからお問い合わせ
- http://www.soystory.jp
- 肴豆 等

木綿らしい表面のハリがありながら、ふんわりなめらかで上品なのど越し。室温に慣らすと、甘みはもちろん鼻から抜ける香りも楽しめ、木綿豆腐が苦手な方にもぜひ一度味わって欲しい一丁。

徳島
充填

『充填こいまろ』

- 村のおっさん
- オンラインショップ
- http://muranoossan.com
- ユキホマレ

その名の通り、極めて濃くまろやかな充填豆腐は加熱厳禁。人口約2000人の徳島県佐那河内村で、「ワイが喰うてうまいモンを造る！」をモットーに、唯一無二な豆腐づくりを行う豆腐店。

豆腐ライフをもっと楽しく 調味料&グッズ

これがあるだけで
手軽に豆腐が
もっとおいしく楽しく

（凡例）メーカー／商品の説明

一味違う冷奴を食べたいなら

『九曜むらさき』

湯浅醤油

醤油の原型「金山寺味噌」から採れる希少な溜まりを使用した、野菜のうまみが溶け込む減塩醤油。

『柚子梅つゆ』

湯浅醤油

白醤油をベースに、和歌山のゆず果汁と南高梅の梅酢がブレンドされた、さっぱりさわやかなつゆ。

『とうふの塩』

海の精

豆腐のおいしさを引き立たせるために開発された塩。サラサラとしてまんべんなくふりかけられます。

『山椒香味油』

築野食品工業

石臼で挽いた「ぶどう山椒」の風味をこめ油にとじ込めた、フルーティーな香りと程よい刺激のオイル。

『食べる麻辣醤』

カルディコーヒーファーム

花椒、唐辛子、干しえび、八角などがブレンドされた万能調味料。豆腐にかければ麻婆豆腐を連想させる冷奴に。

湯豆腐が楽しくなる

『とうふすくい 角』

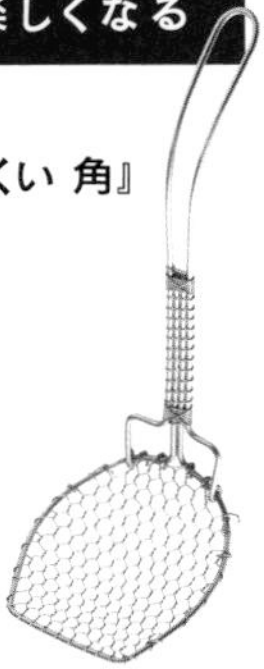

金網つじ

湯豆腐の本場・京都で丁寧に手編みされた、亀甲模様が美しい手編みのとうふすくい。

手づくり豆腐に

『北の大豆 無調整豆乳』

太子食品工業

甘みをしっかり感じるクリーミーな無調整豆乳。そのまま飲むのはもちろん、付属のにがりで手づくり寄せ豆腐が簡単においしくつくれます。

こんな便利&楽しいグッズも

『パックカッター』

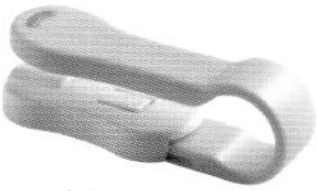

パール金属

スライドさせるだけで豆腐のパックが開封できる便利グッズ。冷蔵庫につけられるマグネット付。

『豆腐箸』

大黒屋　江戸木箸

持ち手は握りやすい八角形、箸先は豆腐がつかみやすい太めの四角形に仕上げられた江戸木箸。

『豆腐売りの喇叭（ラッパ）すとらっぷ』

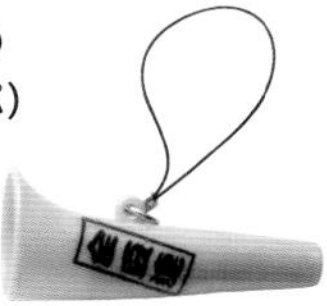

全国豆腐連合会

豆腐の行商に使用されたラッパをモチーフにしたストラップ。「ト～、フ～♪」と懐かしの音色を奏でます。

『とうふ手ぬぐい』

まめとみ

全国各地さまざまな形・大きさの豆腐をイラストにした差し分け染のオリジナル手ぬぐい。

つくり手が守る、豆腐の多様性

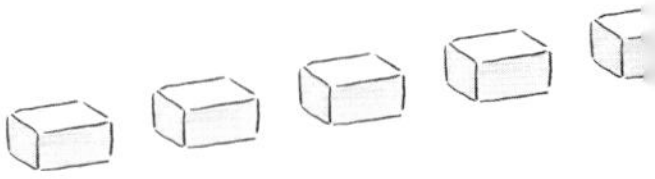

私がまだ小学生だった頃、早起きの父は、近所の豆腐屋さんから絞りたての豆乳を買ってくるようになりました。大豆のやさしい甘みを感じる一杯が、私の1日の始まりに欠かせませんでした。しかし、この習慣は、豆腐屋さんの廃業によって途絶えてしまうことに。「豆腐屋さん、辞めちゃうんだって」と、父から聞かされたとき、まだ幼かった私はその理由をしっかり理解できていませんでした。

１９６０（昭和35）年、全国に豆腐屋さんはおよそ5万軒。この数字は現代のコンビニエンスストアの軒数とほぼ同数です。そう考えれば、当時の人びとにとっていかに身近で当たり前の存在だったのかが想像できると思います。昔から、私たちの生活圏内で商売を営んできた豆腐屋さんは、その多くが家族経営で、豆腐製造の近代化・機械化やメーカー豆腐の普及と並行して、高齢化や後継者不足もあり、廃業を余儀なくされています。２０１８年の調査では約６０００軒まで減少。年間約５００軒のペースで減り続けています。ご近所にあった豆腐屋さんがいつのまにか廃業していた……

そんな経験がある方は少なくないと思います。

こうした厳しい状況下でも、各地の豆腐屋さんたちは、それぞれに奮闘しながら活躍しています。豆腐屋さんがなくなってしまった隣町まで、自転車で豆腐を届ける東京都大田区の豆腐屋さん。過疎化と高齢化の進む里山で、かつてはお母さんたちが農村で手づくりをしていた豆腐を商品化し、地元の雇用を守る島根県真砂地区の豆腐屋さん。勉強会や情報交換などを行い、横のつながりを強化させ腕を磨く大阪の職人さんたち。農家さんと連携して在来種の大豆を栽培から商品化まで行う宮城県の豆腐屋さんグループなど。私がこれまで日本各地で出会ってきた豆腐職人のみなさんは、それぞれに輝いていて、豆腐屋という生業を全力で楽しんでいるように思います。

もちろん、メーカー豆腐にも、日持ちのよさや安定した品質、忙しい生活を助けてくれるアイデア製品など、たくさんのよさがあります。一方で町の豆腐屋さんには、その店でしかつくれない豆腐の味わい、地域に密着した豆腐のつくり方や届け方があり、豆腐のつくり手の数だけ、豆腐には個性が宿ります。

本書を手に取っていただいた皆さんと、そんな〝十人豆色〟な豆腐のおいしさを、次世代へ残していきたいです。

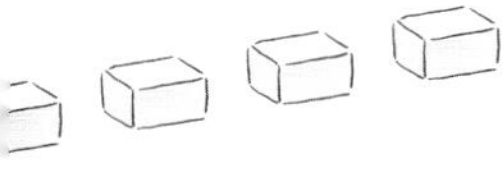

工藤詩織

著者：工藤詩織（くどう しおり）

豆腐マイスター。幼少より豆中心の食生活を送る無類の豆腐好き。大学で異文化コミュニケーションを学び、その過程で「食文化としての豆腐」の奥深さに目覚める。「往来」を屋号に、国内外で各種イベント企画・プロデュース・取材・執筆等、豆腐の魅力を広める活動に取り組む。ラジオ、雑誌、テレビなど多方面で活躍。豆腐をモチーフとした雑貨ブランド「豆冨（まめとみ）」を運営。

レシピ：牛尾理恵（うしお りえ）

料理家、栄養士。東京農業大学短期大学部卒業後、病院の食事指導、料理制作会社勤務を経て独立。手軽なヘルシーレシピを得意とし、自身も食事管理と筋力トレーニングで日々健康的なからだづくりに臨んでいる。著書に『豆腐からおからパウダーまで！「目からウロコ」の保存＆活用術』（文化出版局）、『ほぼ10分でトロッとなる煮込みです。』（小社）など多数。

参考文献
『豆腐読本』（一般財団法人 全国豆腐連合会）
『豆腐』（一般財団法人 全国豆腐連合会）
『とうふの本』阿部孤柳、辻重光（柴田書店）
『豆腐百珍』福田浩、杉本伸子、松藤庄平（新潮社）
『健康食 とうふ』津村喬、鶴田静、井上豆彦（農山漁村文化協会）
『論集 東アジアの食事文化』石毛直道（平凡社）

撮影　柿崎真子
スタイリング　本郷由紀子
イラスト　くぼあやこ
アートディレクション＆デザイン　吉池康二
校閲　株式会社ぷれす、村上理恵
執筆協力　久島玲子
編集協力　松本郁子

豆腐提供　太子食品工業株式会社
0120-417-710
大豆提供　永和産業株式会社
03-3733-6841
協力　一般財団法人全国豆腐連合会
一般社団法人日本豆腐マイスター協会
リサーチ協力　京都大学大学院農学研究科　斎藤嘉人

まいにち豆腐レシピ

著　者　工藤詩織
発行者　池田士文
印刷所　日経印刷株式会社
製本所　日経印刷株式会社
発行所　株式会社池田書店
〒162-0851
東京都新宿区弁天町43番地
電話03-3267-6821（代）
振替00120-9-60072

落丁、乱丁はお取り替えいたします。

ISBN978-4-262-13055-2

20000011